SÓCRATES

VALORES

INSPIRAÇÕES PARA A VIDA

CLÓVIS DE BARROS FILHO

SÓCRATES

VALORES

INSPIRAÇÕES PARA A VIDA

Esta é uma publicação Principis, selo exclusivo da Ciranda Cultural
© 2020 Ciranda Cultural Editora e Distribuidora Ltda.

Texto
Clóvis de Barros Filho

Projeto gráfico e capa
Ciranda Cultural

Revisão
Fernanda R. Braga Simon

Imagens
Morphart Creation/Shutterstock.com

Diagramação
Fernando Laino

Dados Internacionais de Catalogação na Publicação (CIP) de acordo com ISBD

B277s	Barros Filho, Clóvis de
	Sócrates / Clóvis de Barros Filho. - Jandira, SP : Principis, 2020. 176 p. ; 15,5cm x 22,6cm. - (Valores).
	ISBN: 978-65-5552-231-0
	1. Autoconhecimento. 2. Valores. I. Título. II. Série
2020-2766	CDD 158.1
	CDU 159.947

Elaborado por Odilio Hilario Moreira Junior - CRB-8/9949

Índice para catálogo sistemático:
1. Autoconhecimento 158.1
2. Autoconhecimento 159.947

1ª edição em 2020
www.cirandacultural.com.br
Todos os direitos reservados.
Nenhuma parte desta publicação pode ser reproduzida, arquivada em sistema de busca ou transmitida por qualquer meio, seja ele eletrônico, fotocópia, gravação ou outros, sem prévia autorização do detentor dos direitos, e não pode circular encadernada ou encapada de maneira distinta daquela em que foi publicada, ou sem que as mesmas condições sejam impostas aos compradores subsequentes.

Sumário

NOTA DE ADVERTÊNCIA 7

CAPÍTULO 1 Instrutor assustador 11
CAPÍTULO 2 Xantipa prepara para o pior 18
CAPÍTULO 3 Amor por Atenas 26
CAPÍTULO 4 Efeito paralisante 37
CAPÍTULO 5 Especialistas na página 1 47
CAPÍTULO 6 Malandro é malandro 57
CAPÍTULO 7 Contrações da alma 65
CAPÍTULO 8 Reputação fora de alcance 75
CAPÍTULO 9 Sabe que nada sabe 85
CAPÍTULO 10 Tinta não, congela a vida! 93
CAPÍTULO 11 Letras indefesas precisam de um pai 101
CAPÍTULO 12 Olhos cinza da lata de lixo 108
CAPÍTULO 13 Júlia e seu gato Pike (lê-se Paike) 117
CAPÍTULO 14 Sem dó nem piedade! 127
CAPÍTULO 15 Epa! Foi mal! 138
CAPÍTULO 16 Vítima dos deuses e das palavras 143
CAPÍTULO 17 Longe é um lugar que não existe 151
CAPÍTULO 18 Só pode ter sido sem querer 159
CAPÍTULO 19 Melhor ser vítima 169

Nota de advertência

Valores é o nome desta coleção. E, para nós, esse nome importa. Não é simples fantasia. Tampouco jogada de *marketing*. Será, de fato, o fio condutor de todos os livros que compõem a coleção.

Valores porque, na hora de viver, valem de verdade. Ou podem valer. Pensaremos sobre tudo que importa para viver melhor. Com a ajuda de grandes sábios, suas vidas e suas obras.

* * *

Não é coleção de História. Porque não sou historiador. Tampouco de Filosofia. Porque não sou filósofo. Menos ainda de algum outro campo estruturado do conhecimento. Porque não sou conhecedor de nada.

É reflexão sobre a vida. Simples assim. Dessas que todo mundo faz, o tempo todo.

Para esta, sinto-me autorizado. Porque sou vivente. Vivente humano. Homem de carne e osso.

Em condições de tomar a própria vida como objeto de pensamento; contrastá-la com outras, vividas por outros homens e mulheres; identificar seus valores.

Conferir se esses valores também valem pra mim. Se já os considerei alguma vez. Se os considero amiúde. Se contam de verdade na hora de viver. Se poderiam contar ainda mais. Se minha vida seria melhor, caso isso acontecesse.

* * *

Pensar sobre os próprios valores não é veleidade de desocupados. De gente que não tem muito o que fazer. Tampouco uma busca contemplativa de si mesmo, sem consequência prática.

Pelo contrário.

Para viver, estamos condenados a fazer escolhas, decidir caminhos, deliberar estratégias. Para tanto, jogamos no lixo todas as vidas preteridas.

Pergunto: O que nos possibilitaria optar por uma única existência – e todas as situações a ela correlatas – em detrimento das infinitas outras?

Nossos valores, com certeza.

Por isso, a melhor das vidas será sempre a que mais nos aproximar do valioso, do importante, do que é fundamental para nós.

Só por valores as escolhas são possíveis. As decisões, justificáveis. As ações, fundamentadas.

Sem eles, não identificamos a escada que vale a pena subir, a porta que vale a pena abrir, o mundo que vale a pena encontrar, a humanidade que vale a pena integrar.

* * *

Valer a pena é, antes de tudo, valer. Mas não só. É valer tanto quanto a pena. Ou mais.

E essa pena, do que se trata?

Pena é esforço, dor, tristeza, temor, ansiedade, angústia, ressentimento e muito mais. Que os sofredores do mundo, todos nós, atestem seu imenso valor. Ora, valer a pena é rivalizar em valor. Valer tanto quanto. Equivaler. Ombrear em montante e em relevância.

Se a pena cheia, com toda a desgraça incluída, valer 5, os valores da vida devem fazê-la superar o montante. Para que sobre um troco. Uma gordurinha na caixa. Não se sabe o dia de amanhã. E o mundo é matreiro na hora de entristecer.

Lucidez protetiva da vida. Quando os valores seguram o rojão. E o penoso espera no degrau de baixo.

O cálculo, bem, esse fazemos de pé mesmo. No fluxo em fluxo. Na aritmética do instante. Na balança hesitante dos afetos. E no turbilhão de ideias e argumentos. Que, por conta, se engalfinham na mente.

A coleção apresenta tudo que na vida, supomos, valha a pena. Supere, e muito, o valor do sofrimento. Dê de dez no valor da desgraça. E de goleada no valor da devastação.

* * *

Sozinhos, não teríamos saído do zero. Por isso, pegamos carona. Pedimos a grandes pensadores que nos ajudassem. Que nos indicassem tudo que para eles valia as suas penas.

Começamos com Sócrates. E seguiremos com Platão, Aristóteles e outros.

Mas não tome estas páginas por introdução a seus pensamentos. Tampouco como uma apresentação estruturada de suas ideias. Menos ainda como alguma biografia.

Nada disso.

Nosso objeto é a vida. E tudo que nela possa valer a pena.

Não de qualquer um. Nem genérica. Focaremos na nossa. A de cada um de nós. Autor e leitores.

Só isso.

CAPÍTULO 1

Instrutor assustador

Sócrates era feio, muito feio!

* * *

A afirmação – repetida por muitos – pode bem nos interessar. Afinal, a beleza do corpo de uma pessoa é valor. E nesta coleção tratamos dos valores da vida. Eis o primeiro. Nada de primazia. Apenas um começo.

E beleza é valor. Com certeza.

* * *

Comprova-se o valor do belo de muitas formas.

Considerar-se belo – em primeira pessoa – incide sobre a própria existência. Sobre a estima que temos por nós mesmos. E isso conta. Às vezes, decisivamente.

A autocontemplação ante um espelho, após esforços para a transformação do próprio corpo, é prática recorrente. E para muitos é definidora do humor.

Ser considerado belo – por um ou muitos – também é valor da vida. Ajuda a viver melhor. No mínimo porque, na sequência dos encontros, a beleza flagrada em si pelos interlocutores costuma ser objeto de discurso agradável.

Mas a coisa vai muito além.

No mundo dos amores, aquela história de ser "muita areia" não intimida. Preocupação alheia. "O caminhãozinho" será sempre do outro.

No mundo do trabalho, a fluidez das relações, as aproximações e os distanciamentos, os processos seletivos e promocionais também levam toda beleza em conta. Com mais ou menos consciência dos avaliadores.

Não importa o mundo. Tampouco os envolvidos. Nunca haverá indiferença ao belo.

* * *

Talvez por isso, fala-se em beleza como um capital. Capital estético. Já que é valor, talvez seja possível medir. E ser trocado. Por que não?

Como todo capital social, seu valor é definido pelo outro. Pelo entorno. Pelas outras pessoas. No mundo. O mundo social.

– De fato. Seria mole se cada um definisse quanto vale. Tipo, em primeira pessoa. Arrancaria pau a pau com o Cauã. Ou com a Isis.

Você tem razão. Por isso mesmo. Se algum mais ligeiro exagerar na autoavaliação, será certamente punido. O entendimento muito equivocado da própria beleza resulta em chacota, ridículo, escárnio.

– Com certeza! Ouve logo um "tá se achando" ou "não se enxerga".

* * *

A beleza integra a identidade pessoal. Discurso sobre si. Que, lá na infância, teve sua origem no outro. E que continua sob sua estrita vigilância. Pois bem. O atributo do belo tem destaque no currículo desde a maternidade. E dele não sai mais. Ocupa o salão nobre na hora de falar de alguém. Informação top 1. Logo depois do nome. Ou antes, quem sabe. Sobretudo na abundância e na escassez fora da curva.

– Conhece o Cláudio?

– Que Cláudio? Aquele gato do 44? Ah, lógico.

* * *

– Mas escuta. Você falou na beleza como um capital social. Então eu pergunto: as características mais fundamentais do corpo não são dadas pela natureza? Pelos genes? Então, neste caso, a beleza deveria ser um valor natural, não social. Não acha?

– Adorei. Você tem razão. Muito do corpo é determinado pelos genes. Não há dúvida. Cor dos olhos, do cabelo, tamanho do nariz, forma da boca, etc. Agora, o valor que tudo isso tem, aí são outros quinhentos. Quanto vale um par de olhos verdes? Um corpo mais robusto ou mais esquálido? Seios rijos, grandes, naturais, turbinados?

– Depende.

Pois é. Da sociedade, da história, da comunicação de massa, das séries, das novelas, das chacretes, das bailarinas do Faustão, dos nudes que viralizam... Em suma, depende de tanta coisa.

Das voluptuosas às musas *fitness*, a referência – para definir o valor de beleza de uns e de outros – deu uma secada num piscar de olhos. Tudo isso é valor, definido no mundo social.

Nem precisei remontar à Gabrielle. Do quadro *Gabrielle à la rose*. Pintada por Renoir. O Pierre-Auguste. Que tanto emprestou sua boca, bochechas e colo roliços a fantasias eróticas de quase dois séculos.

* * *

Bem. Podemos voltar agora. Sócrates era muito feio. É o que diziam, ficou registrado e entrou para a história. Capital estético próximo do zero.

Já sei o que você está pensando.

O tal do Sócrates! Não é meu vizinho de porta. Não encontro no elevador todo dia. Nunca o vi. Nem de perto nem de longe. De onde tirei tanta feiura?

Como me atrevo a afirmar desse jeito? Assim, na lata?

– E depois, vamos combinar! Será que não havia nada melhor pra dizer no primeiro capítulo de um livro introdutório que pretende apresentar os valores da vida a partir do pensamento e da vida do pai da filosofia ocidental?

Você tem razão. De péssimo gosto. Completamente inadequado. Sócrates importa muito pelo seu método, preocupações, valores. Por sua alma, em suma. Se era baixo, roliço, torto, tudo isso, de fato, é bem menos importante.

Não bastando toda essa inadequação, é mesmo muito estranho falar da beleza ou feiura de alguém que você nunca viu. A não ser por alguma escultura, pintura, em reprodução ou foto.

Sabe lembranças de viagem? Tem Sócrates em chaveiro para os mais econômicos. Alguns maiores para mesa de centro. E outros feito busto mesmo. Para os superfãs. A foto nos livros é quase sempre a mesma. Olhando de frente. Velho, barbudo, esbugalhado, cara surrada, etc.

É muito pouco, eu sei. Ainda mais para cravar a feiura como ponto de partida. Afinal, todos nós já fomos flagrados pelos celulares em ângulos bem desfavoráveis.

* * *

Está bem, querido leitor. Já admiti a total pertinência de suas críticas. Mas me socorro aqui de outros autores. Os que realmente entendem do que escrevem. Estudiosos da história do pensamento. Que dedicaram a vida a pesquisar a vida dos grandes.

Pois bem. Esses mesmos, quase todos, fizeram exatamente como eu fiz. Antes de mim, claro. Eu que os copiei. Desvirginaram suas primeiras páginas destacando a feiura do filósofo.

Por que justo eu, que nunca estive entre os mais originais, e que estou nessa de carona, deveria arrancar de outra forma? Não acho justo pagar essa conta sozinho.

Restou-me, portanto, confiar nos relatos. Afinal, integramos esse time da humanidade. E não dá pra começar do zero o tempo todo.

Aprendi por discursos, verbalizados e escritos, que dedos em tomadas podem entristecer seus donos abelhudos. Juro que acreditei neles. Cegamente. Como no descobrimento do Brasil por Cabral, no terremoto de Lisboa, no suicídio de Vargas e na função de cada organela citoplasmática.

Tudo sem nenhuma verificação. Na pura confiança.

Por isso, me perdoe. Se Sócrates não tiver sido tão feio assim, ao longo de toda a sua vida, é certo que na história do pensamento, em meio a muitos e lindos atributos de alma, ficou conhecido pela feiura do corpo.

Falam do seu nariz achatado, do globo ocular saltado, da baixa estatura, da pele esburacada e do corpo em forma de pera ou de moringa. Legado da natureza, pobre na aparência.

E não param por aí.

CAPÍTULO 2

Xantipa prepara para o pior

Quem apresenta Sócrates não fica na feiura. Destaca também alguns de seus hábitos.

Nós, que nos interessamos mais pelos valores da vida do que pelas fofocas filosóficas, não perderemos nosso foco.

* * *

A higiene não era o forte. Tampouco uma preocupação. Para uns, Sócrates lavava-se pouco. Para outros, nunca. Ou quase nunca.

Me pergunto como se lavavam os asseados daquele tempo.

Se, de modo geral, a galera não fosse muito chegada num sabãozinho, a informação sobre a higiene do filósofo perde um pouco do seu interesse. Você não acha?

Tomar uma ducha por dia – ou mais, como fazem alguns de nós – poderia ensejar muito estranhamento em culturas de banho mais esporádico. Nem precisa ir à Grécia Antiga.

Os historiadores devem saber o que rolava por lá. Mas, como nem todos os mais limpinhos eram um Sócrates, os detalhes sobre seus banhos são revelados em círculos mais restritos. Entre especialistas e para interessados.

Eu, que nunca investiguei sobre o tema, suponho que havia imersão. Mas onde? Como? Com a água em que temperatura? Esfregavam-se? Com o quê?

* * *

Os relatos sobre a vida privada do filósofo não terminam na higiene. Ou na falta dela. Há desdobramentos. Previsíveis até.

Não sei se o leitor concordará: quem não toma banho com regularidade tende também a não trocar muito de roupa.

Na mosca.

Segundo as línguas mais autorizadas, Sócrates era fiel a sua indumentária. Tipo inseparáveis. Fazia dos panos que cobriam o seu corpo uma segunda pele.

Também consta que não usava sandálias. Pela ênfase no calçado, suponho que fosse comum usá-las naquele tempo. Mas ele preferia os pés no chão. Flagrado quase sempre descalço pela rua.

Fique à vontade para imaginar esses pés socráticos e suas solas. Quem sabe as unhas dos dedões. Suponho não encontrassem podólogo amiúde.

Em ocasiões muito especiais fazia um esforço. No famoso banquete, Platão, autor do diálogo, lhe emprestou sandálias. Mas esse Sócrates bem calçado era personagem. Protagonista de um jantar que nunca aconteceu.

* * *

Todas essa ênfase na aparência do filósofo é mesmo intrigante. Sobretudo, diante do total desinteresse dos autores pela beleza, elegância, higiene, porcentagem de gordura no corpo, limpeza do uniforme e tipo de calçado dos outros grandes pensadores.

Assim, nada consta sobre a cútis de David Hume, o odor axilar de Kant, as roupas íntimas de Descartes, as orelhas sujas de Hegel ou o sobrepeso de Sartre.

Resta ir adiante. Para além da feiura, da higiene e da indumentária. Já vimos que, para Sócrates, não figuravam entre as dez coisas mais importantes da vida.

– Até aqui tudo mais ou menos compatível com o que imaginamos sobre um pensador.

* * *

Surfemos juntos e livremente na nossa imaginação.

Como era Sócrates quando criança? Tinha irmãos? Gostava deles? Brincava do quê? Lia muito? Quando começou a se interessar pelas questões propriamente filosóficas que o tornaram tão famoso? Teve muitas namoradas antes de se casar? Foi muito rejeitado pelas mulheres? Teve uma grande paixão na adolescência? Curtia assistir a eventos esportivos? Era afável no trato com as pessoas do seu cotidiano?

Bem, os livros de divulgação dão a essas perguntas menos atenção. Se todos destacam seus traços e hábitos, poucos se interessam pela sua formação fundamental.

Seu contato com os tomistas, com os naturalistas, com os sofistas, sua presença nas escolas filosóficas de Atenas, seu interesse inicial pelas coisas da natureza e sua posterior guinada para o estudo do homem.

Sócrates costuma vir pronto e acabado. Com seu nariz, seu mau cheiro e seu método inédito de fazer decantar verdades em seus interlocutores.

* * *

A identidade histórica de Sócrates é, como já dissemos, intrigante. Como a preocupação desta coleção é com os valores da vida, tudo que nos interessa mais de perto começa agora.

Por que essa ênfase – tão compartilhada – nas questões de aparência?

Será pelo contraste com a beleza da alma?

Um recurso didático para denunciar quanto as primeiras impressões podem nos afastar do que, para ele, era o mais precioso?

Uma proposta de valores – comprada pelo próprio Sócrates – que se aproveitava da própria feiura e compunha uma personagem repugnante para fazer luzir o seu maior tesouro?

Uma ordem hierárquica de preocupações, em que a competência para pensar teria, para ele, primazia perante a beleza e a higiene dos corpos?

Veja o que diz Alcebíades, um superfã e amigo bem próximo:

– Sabei: nem a beleza de outrem lhe interessa, mas, ao contrário, ele a despreza a tal ponto que não se pode ter ideia.

* * *

Sempre se falou muito a respeito do relacionamento de Sócrates com sua esposa. É curioso que – tal como no caso da feiura – não há entre os historiadores o mesmo interesse pela eventual esposa dos demais filósofos.

Assim, sabemos muito pouco sobre o temperamento das companheiras dos demais grandes pesos-pesados da Filosofia.

E se o argumento é que Xantipa era mulher de convivência difícil, convenhamos, sempre haverá algo de pitoresco a encontrar na vida conjugal de quem quer que seja.

* * *

Xantipa era dona de casa. De temperamento forte. Mas, como tantas outras, com os pés bem no chão na hora da gestão doméstica. E com um enorme senso prático para enfrentar problemas do cotidiano.

O orçamento familiar se resumia, supõe-se, a uma renda deixada pela mãe. Sócrates, como se sabe, não obtinha, pelo seu trabalho, nenhuma contrapartida financeira.

Voltava para casa – como dizia minha mãe – de mãos abanando.

O descontentamento de Xantipa era crônico. O que exigia de Sócrates paciência para ouvi-la. Resignar-se, encaixar os golpes e não responder. Ou servir-se da ironia, sua especialidade.

Se, na rua, Sócrates era um perguntão e dialogava o tempo todo, em casa, segundo os relatos, permanecia quase sempre calado. O que, evidentemente, levava Xantipa à loucura.

Mas, querido leitor, convenhamos.

Uma mulher, quatro séculos antes de Cristo, que se casa com um dos mais influentes pensadores da história, pai fundador do pensamento ocidental, tido como o mais sábio do seu tempo, com um estilo de vida completamente alternativo e valores distantes do bem viver mais comezinho do seu tempo.

Não devia ser fácil.

* * *

Diógenes Laércio relata que certa vez o destempero de Xantipa foi tal que a levou a jogar em cima do marido um balde cheio de água. Este, por sua vez, teria comentado a atitude da esposa com sua resignação habitual:

"Eu sabia que mais cedo ou mais tarde o trovão de Xantipa iria transformar-se em chuva".

Respondendo a Alcebíades – sobre sua tolerância em relação à esposa –, destacou o aspecto positivo daquele relacionamento.

Xantipa o prepararia para os confrontos mais renhidos da vida na pólis. Podendo ser tão útil quanto aprender a amansar um cavalo bravo.

Perceba, leitor e leitora. Sócrates, por esta declaração, deixava claro o que efetivamente importava na sua vida.

Fazia do matrimônio um treinamento, uma preparação, um laboratório. Para os momentos verdadeiramente relevantes, de atuação no espaço público, na praça pública, na vida política.

* * *

Aristóteles disse que Sócrates tinha uma segunda mulher. Chamava-se Mirto. Não sabemos se foram relacionamentos na sequência ou concomitantes. Portanto, ignoramos se a tal Mirto era esposa ou amante.

O fato é que com ela teve dois filhos, Sofronisco e Menexeno, que se juntam a Lamprocles, filho de Xantipa. Se você, leitor ou leitora, estiver esperando bebê do sexo masculino e sem ideia para o nome do pimpolho, os filhos de Sócrates são inspiradores. No diminutivo, então, ficam pra lá de graciosos.

Vale lembrar que o governo de Atenas incentivava a procriação para o aumento da população. Mesmo que fosse com mulheres diferentes.

De acordo com muitos, Xantipa e Mirto disputavam, palmo a palmo, os favores de Sócrates. E que ele se divertia com tanto empenho por um troféu tão feio.

Consta também que Xantipa e Mirto, cansadas de se digladiar, teriam certa vez decidido se unir, e, aí sim, a coisa teria ficado feia para o filósofo.

Ante tanta fofoca, diz que diz e lendas, parece certo que Sócrates teve mesmo três filhos, de duas mulheres diferentes, e que uma delas era osso duro de roer.

CAPÍTULO 3

Amor por Atenas

Sócrates amava a sua cidade.

– Quão profundo era esse amor? Como se manifesta o sentimento de amor por uma cidade?

Eu responderia assim: seu amor por Atenas era tão profundo que passou a vida instruindo de graça os seus cidadãos – não pelos indivíduos, mas pela cidadania. Pelo aperfeiçoamento da cidade.

E, na hora de morrer, podendo fugir, preferiu respeitar suas leis e instituições. Ainda que as considerasse injustas. Por entender que sua fuga comprometeria gravemente a ordem em Atenas.

E, como nosso negócio são os valores da vida, começa a ficar claro qual era a do Sócrates. Se, como vimos antes, beleza e higiene não importavam muito, eram valores de quinta, agir em proveito da cidade figurava no topo.

Quanto à profundidade do amor de Sócrates por Atenas, já é o bastante. Sobre como se manifestava esse amor, bem, aí a coisa vai mais longe.

Dedicaremos o resto do capítulo a responder. É só vir comigo.

* * *

O velho Clóvis de Barros era demais. Não avançou muito na escola. Mas me ajudava como podia, pedindo que eu lhe explicasse tudo que tinha aprendido. Aula a aula. Conhecia a grade das disciplinas melhor do que eu.

Viajávamos sempre de ônibus. E ele não perdia tempo. Uma das brincadeiras, em tempos de infância, era designar as pessoas pelo local de nascimento. Havia as mais fáceis e algumas pegadinhas.

As perguntas maldosas eram: quem nasce em Ribeirão Preto é? Quem nasce em Juiz de Fora é? E em São Luís, Salvador ou Florianópolis? Ficamos craques brincando assim. E, sem precisar pensar muito, ficou consolidado na minha mente que se alguém é paulistano é porque nasceu em São Paulo, capital.

* * *

Sócrates era ateniense. Nascido em Atenas, portanto. Nascido e criado, como dizia minha mãe. Uma novidade para a galera *cult* da época. Antes dele, os pensadores de prestígio eram nascidos em outras cidades. Só Anaxágoras viveu lá por um tempo. Mas foi logo convidado a se retirar por ter afirmado que o Sol é uma bola de fogo. Vejam só!

Depois de Sócrates, a coisa mudou. Atenas tornou-se um centro de bom pensamento. Seus sucessores ou ali nasceram ou por lá acabaram ficando.

O vínculo de Sócrates com a sua pólis era muito especial.

Ser ateniense, no seu caso, queria dizer muito mais coisas do que simplesmente a cidade onde nasceu. A mais importante, ao menos para nós, diz respeito a sua atuação como filósofo. O seu método de formação de pensadores só poderia ter sido cogitado e implementado ali mesmo, em Atenas.

Por isso, a afirmação repetida na primeira linha de todos os manuais de que Sócrates era ateniense tem um significado muito distinto do que para nós significa ser belo-horizontino, porto-alegrense, curitibano, campineiro. Ou londrinense. Como o professor Cortella, autor do texto da quarta capa. E meu amigo César Galvão.

– Ainda não ficou muito claro por que é tão diferente assim.

Eu sei disso. Venha comigo. Vamos melhorar o entendimento.

* * *

Para começar, Sócrates – e muitos dos seus concidadãos – passava o dia na rua, como dizia minha mãe quando sentia minha falta e solicitava minha proximidade.

– Parece um moleque!

E você logo pensa nos vadios dos filmes de Carlitos. Ou nos inseparáveis amigos de produções como *Era uma vez na América*, de Sérgio Leone.

Aquela pivetada engenhosa e ligeiramente ingênua, que se juntava na ânsia de obter posição comercial, metendo-se em confusões de toda ordem bairro afora e recebendo, não raro, o pagamento das mãos do pai, o que resultava quase sempre em surra de vara de marmelo.

Mas, no caso de Sócrates, o estreito vínculo com a cidade ia muito além dos hábitos pouco domésticos.

* * *

Na Atenas dos filósofos, as relações vividas nos espaços considerados públicos eram muito mais frequentes e significativas do que em nossas cidades. Para os atenienses daquele tempo, a vida comunitária se confunde com o que há de mais relevante na existência.

Dessa maneira, os assuntos que diziam respeito a toda a pólis – que interessavam a muitos outros além de si mesmo e os *brothers* – estavam mais presentes na mente daquelas pessoas do que acontece hoje.

Muito mais.

Por outro lado, as questões relacionadas ao que chamaríamos hoje de "esfera privada", essas, claro, também tinham a sua importância. Mas menos do que agora.

Muito menos.

Fazer de Atenas um bom lugar para viver, uma cidade justa, um espaço digno de convivência para todos os atenienses – e tudo isso, por intermédio da busca da verdade – era uma preocupação permanente da vida de Sócrates.

A mais relevante de todas. A mais relevante. Valor de vida top 1.

– Ainda não entendi!

Não perca a paciência tão fácil. Confie em mim. Vou cavoucar até achar um gancho de entendimento.

* * *

Consideremos a minha própria vida. Bem ou mal, sobre ela tenho alguma noção. Seus primeiros 25 anos foram ocupados pela formação escolar. Mesmo quando trabalhei ou fiz estágio, o mais importante era aprender.

Cursei primário, ginásio e colegial. Correspondem aos ensinos fundamental e médio de hoje. Fiz Direito e Jornalismo ao mesmo tempo. Estágio na Justiça do Trabalho. E *freelance* em jornalismo policial.

Nesse meio-tempo estudei inglês, na Cultura da Avenida Ipiranga, francês, na Aliança da General Jardim, e italiano, no Instituto da Frei Caneca. Ah!, japonês também. Minha paixão. Na Aliança (Bunka) da São Joaquim. Esquina com Galvão Bueno.

Cara de pau para pedir bolsa nunca me faltou.

Na sequência fiz pós-graduação. Mestrado e doutorado.

Quando pensava no que fazer depois de tanto estudo, o que vinha à mente era sempre o melhor para mim.

Isto é, aquelas atividades que me deixariam mais feliz, nas quais teria melhor desempenho, mais chance de reconhecimento, maiores ganhos econômicos, etc.

E essas prioridades seriam as mesmas se tivesse vivido em qualquer outra capital do país.

Discuti, é verdade, aqui e acolá temas pertinentes a toda a população de São Paulo.

Defendi o fechamento das ruas do centro velho para automóveis, o da Paulista aos domingos e feriados, sugeri, nos limites da alçada cidadã, o direcionamento de recursos públicos para um setor e não para outro, visitei penitenciárias, aldeias indígenas no extremo sul da cidade, participei de manifestações de rua em defesa desta ou daquela política pública, etc.

Mas – tudo isso somado –, tenho de admitir, foi pouco relevante no todo da vida vivida.

Muito pouco.

Iniciativas esporádicas, ocasionais, levadas a cabo num movimento de circunstância. Por impulsos tomados em situações muito específicas. Que nunca resultaram de uma prática reiterada, habitual, diária e constitutiva de um "eu" propriamente político.

* * *

Uma vez escolhida a carreira acadêmica, suponho que tenha feito algo de positivo pelos alunos. Mas sempre no interior e sob a chancela de instituições autorizadas. Que definiam as condições e limites de cada uma de minhas iniciativas.

Se em algum momento proporcionei à pólis de São Paulo algum benefício, foi de forma muito indireta. Por intermédio daqueles que ensinei. O universo de minhas preocupações sempre foi universitário.

A definição dos temas curriculares mais relevantes, das estratégias didáticas mais eficazes, dos exemplos mais esclarecedores, dos recursos de sedução... nada era mais importante do que ensinar bem. A cada aula melhor, de preferência.

Em luta por troféus de valor bem circunscrito ao mundo da academia, com atores a cada dia mais globais, passei a vida enunciando discursos para alunos de comunicação e, mais tarde, para mestrandos e doutorandos, que acabaram me sucedendo com larga vantagem.

As poucas páginas de produção mais expressiva nunca impactaram meio metro para além dos muros do Butantã (bairro onde se encontra o *campus* oeste da USP). O contato com a cidade sempre foi fortemente mediado e condicionado pelos espaços institucionais em que estas atividades se desenvolveram.

* * *

Entendeu agora por que o destaque para Sócrates, cidadão ateniense, tem um significado muito forte?

Por isso mesmo suas preocupações filosóficas – embora comumente direcionadas ao homem – só foram significativas para uma vida naquela pólis. Seu jeito dialogado de buscar as verdades e os conceitos só foi possível na sua pólis. A relevância de suas indagações só foi apreciável na pólis onde nasceu.

Atenas.

Sócrates não teria sido Sócrates em outro lugar.

Num regime autoritário, seja monarquia, oligarquia ou tirania, onde o cidadão não se sente seguro para dizer o que pensa e o uso da palavra é temerário e não influencia o exercício do poder, as perguntas de Sócrates encontrariam outro tipo de interlocutor, teriam outra relevância ou nem teriam existido.

* * *

Aprendemos todos no ensino médio que em Atenas vigorava um tipo particular de democracia. As grandes decisões sobre os temas que interessavam a toda a pólis eram tomadas diretamente pelos cidadãos.

As assembleias eram um evento. Havia um moderador dos debates, definidor de uma certa ordem do dia e escolhido por sorteio; oradores que procuravam convencer o auditório presente da pertinência de suas proposições; e cidadãos que votavam e deliberavam por maioria.

Nessa democracia os cidadãos decidiam por si mesmos. Para além de seus afazeres. Não recebiam nada para debater, discutir e tomar uma decisão. Eram cidadãos amadores. Esses não se faziam representar por profissionais da política, como acontece hoje.

Para integrar esse corpo decisório, havia restrições. E numerosas.

Não eram cidadãos as mulheres, os escravos, os estrangeiros, os muito jovens e os integrantes de outras categorias.

Essa restrição ateniense – se contrastada com o sufrágio universal das nossas democracias – parece-nos pouco indicativa de uma vontade geral.

Porém, se abrirmos mão, na medida do possível, dessas referências de hoje, aceitaremos a inédita isonomia do processo deliberativo e a natureza propriamente pública das decisões que diziam respeito à pólis.

Assim, os cidadãos acudiam à praça de boa. Por entender a relevância das decisões e, portanto, do discernimento, da argumentação e do voto de cada um para o aperfeiçoamento da cidade.

Tenho razões de sobra para supor que essa atividade habitual de cidadania não visava apenas à qualidade de vida de cada um e, portanto, de si mesmo.

Havia amor pela cidade. Pela pólis. Enquanto forma muito particular de vida e convivência organizada.

Por isso, a vida de Sócrates é inseparável da sua cidadania, da sua inserção propriamente política. Suas iniciativas só faziam sentido em virtude do aperfeiçoamento da cidade. Pelo aprimoramento da capacidade intelectiva de seus concidadãos.

Para aqueles que comparam o filósofo a um *personal*, um *personal* do pensamento, que de maneira voluntária ensina a pensar melhor, vale relembrar a dimensão política e social do seu projeto.

* * *

Sócrates nada tinha a ver com Zoroastro, meu querido amigo da juventude.

Era grande fã de Lênin, o líder da Revolução Russa. Gostava de exibir camisas com frases de efeito como "Afora o poder, tudo é ilusão".

Mas esse fascínio não continha um fundo político-ideológico.

Era um brado, uma placa em *neon*, busca desesperada por alguma identidade pessoal. Clamor afônico por reconhecimento. Apoteose do êxito individual, baseada em princípios de competição, de consagração de si, e que, portanto, convertia o filósofo revolucionário numa espécie de guru. Uma deformação.

Vida que desmente o ideal.

* * *

Se porventura Sócrates, com generosidade, acaba levando cada um de seus interlocutores a mais lucidez, a sua preocupação maior nunca foi com a individualidade de seus espíritos, mas com o coletivo. O pensamento individual a serviço da pólis.

CAPÍTULO 4

Efeito paralisante

Sócrates era um perguntão. Essa é a fama que ficou. Abordava as pessoas na rua. Algumas ele já conhecia. Outras, com certeza, não.

Adorava conversar. A ponto de fazer do diálogo o ponto alto da própria vida. Passou a vida interagindo.

Querido leitor e leitora. Vale rever aqui uma convicção compartilhada há muito. Se seu imaginário de um filósofo indica divagação ensimesmada, busca isolada de si mesmo, reflexão de alma circunscrita à primeira pessoa, eis uma boa ocasião para enriquecê-lo.

Como nosso assunto são os valores da vida, não perca a conta. O exemplo de Sócrates indica: para que ela possa valer as suas penas, é preciso interagir, dialogar, perguntar e, quem sabe até, pensar coisas lindas juntos.

Ficar caraminholando sozinho não era, portanto, a sua praia. Ele gostava era de gente.

* * *

Os relatos de seus discípulos – e os diálogos por eles registrados – não nos esclarecem o protocolo completo da abordagem. Os não ditos de toda aproximação. A linguagem dos corpos. O respeito a certas regras de distância entre eles. Ou de aproximação progressiva.

As tintas de polidez, afabilidade e simpatia, como é óbvio, escapam aos documentos escritos.

* * *

Experimente você, leitor, abordar alguém na rua. Mesmo que seja para uma indagação trivial, de resposta imediata, como a hora certa ou o nome daquela rua. Haverá sempre instantes de hesitação, de parte a parte. Há em toda abordagem um quê de ruptura. De inesperado.

Agora imagine-se inquirindo um transeunte desconhecido sobre um crime cometido. Ou uma ação injusta qualquer do noticiário policial. Uma agressão, por exemplo. Se ele te der bola, provavelmente vai manifestar indignação. Concordar com a injustiça daquele gesto.

E, com isso, se ver livre da sua abordagem desagradável.

Você não deixa a peteca cair. Antes que o interlocutor se evada, sinaliza ter algo mais a dizer.

– Se você tem tanta certeza dessa injustiça é porque, certamente, sabe o que é justiça!

Ele faz cara de óbvio. Com ombros suspensos, mãos sacerdotais abertas e olhos bem abertos.

Você rebate com cara marota e sorriso moderado. Assegura que só está interessado por não ter a menor ideia. Que adoraria saber. E que seu interlocutor – possuidor de tal preciosidade – não haveria de guardá-la mesquinhamente para si.

– O que é a justiça????

* * *

Se achou esse negócio de justiça abstrato demais, aproveite a ocasião.

Enquanto conversam, um nervosinho acaba de chamar outro pra briga. Fechada no trânsito. Comente sobre aquele destempero exagerado. Deixe o papo correr solto. E aí solicite um conceito de temperança.

– Já que mencionou, o que entende por "não perder o juízo"?

Se o papo de manter a calma também não fez sua cabeça, não deixe o episódio passar em branco. Sem algum enriquecimento d'alma. Investigue sobre a coragem. Puxe papo sobre afinar. Não encarar por medo. Agir de forma covarde. Depois é só inverter.

Afinal, o que significa agir corajosamente?

* * *

Você, leitor, afogado em sugestões, vai logo avisando.

– Não gosto de dar trela para estranhos. Sou tímido. E depois, hoje em dia, nunca se sabe. As pessoas são destemperadas, agressivas e capazes de condutas injustas a qualquer momento. Prudência e caldo de galinha não fazem mal a ninguém. Mais vale um covarde vivo do que um valentão debaixo da terra.

Adorei. Para fundamentar esses 30 segundos de fala, Sócrates teria gastado uma vida de conversa.

Bem, talvez – na sua Atenas – os papos de rua fossem menos arriscados. E depois você tem pouco tempo para brincar com os filhos. O marido ou esposa está sempre esperando. E os relatórios se acumulam. Parecem não ter fim.

Entendo sua relutância. Tudo que você pondera é pertinente.

Ainda assim, sinta-se livre para imaginar o filósofo passeando pelas ruas da maior cidade da época. Isso você pode fazer agora mesmo. Durante a leitura. É rápido, seguro e não te obriga a sair de casa. Deixe surgir na mente as situações. Não tenha pressa. Atenha-se aos detalhes.

Será que ele daria preferência a pessoas distraídas, aparentemente não atarefadas, em pleno passeio de fim de tarde? Ou a outros com horário e destino bem definidos? E se fossem dois ou três amigos? Aborda todos de uma vez ou escolhe um? E as mulheres, que na época não gozavam de cidadania? Teria feito perguntas a alguma?

Alguém, de ovo virado, deve ter largado, de chofre: "vê se não me enche", "vá encher outro", "tenho mais o que fazer", "se continuar me aborrecendo planto a mão na sua cara" ou "ihhh, qual é a do cara, mano"?

* * *

Você está saindo da escola, da faculdade ou do trabalho. São três quadras até a estação de metrô mais próxima. Percurso de todo dia. Menos de dez minutos. Na estação, as escadas rolantes parecem lentas demais. Por isso, você avança os degraus. Ainda mais na descida. A galera com mais tempo ocupa a direita. Você desce pela esquerda. Quem sabe não rola pegar o trem já fechando as portas?

Eis que, entre uma escada e outra, uma figura estranha obstrui a sua passagem.

– Oi, eu me chamo Sócrates, e você?

Pois não. Eu sou o Ciniro. Estou meio com pressa! Tá precisando de ajuda?

– Não, conheço o caminho. Passo por aqui todo dia. É que, enquanto descia a escada, me ocorreu te perguntar: você tem amigos? Não quero ser invasivo. É só uma curiosidade.

Tenho alguns poucos. Mas são bons amigos.

– Para ter tanta certeza de que são mesmo teus amigos, deve saber o que é a amizade!!!

E agora, Ciniro? Tente sair dessa. Sem grosseria. Formule uma definição de amizade. O pior é que você não tem o dia inteiro. O homem está bem diante de você.

Procure se dar conta do que vai passar pela sua mente para chegar ao que ele está pedindo. Que caminho ela vai percorrer. Qual será a sequência. Você vai pegar dois ou três amigos, destacar o que há de comum na relação com eles e montar, a partir daí, a definição? Ou vai fazer o contrário? Arriscar a definição e checar se cola nos casos que conhece?

A pergunta poderia ter sido outra. Mais relacionada à atualidade. Às notícias.

– O que você acha do governante que recebeu propina?

– Pois é, meu camarada. Um escândalo atrás do outro.

– Acha justo que alguém se aproprie do patrimônio público?

– Claro que não.

– Você, então, deve saber o que é justo ou injusto.

– Claro que sim.

– Posso supor, então, que saiba o que é a justiça. O que é?

* * *

Por mais que os tempos fossem outros, podemos imaginar o estranhamento das pessoas abordadas. Afinal de contas, muitas andam pelas ruas cumprindo uma rotina de tempos e espaços estritos.

Precisam chegar ao seu destino em doze minutos. Realizar suas tarefas ainda antes do almoço. Há alguém esperando. Que, por sua vez, também tem suas coisas. E não tem o dia inteiro para esperar.

Neste caso, as mentes estão focadas em problemas práticos. De resolução imediata. Uma vez solucionados, são tirados imediatamente da frente.

Se eu tenho uma dúvida que povoa a minha mente naquele instante, entre atravessar na faixa de pedestre ou passar pela passarela andando mais um pouco, ou me arriscar atravessando no meio dos carros, uma vez decidida e executada a operação, esse problema desapareceu.

* * *

Provavelmente é sobre isso que os interlocutores de Sócrates pensavam quando eram abordados. Talvez alguns levassem mais de boa do que outros. Os que já o conheciam estavam mais preparados, esperando mesmo uma conversa menos corriqueira. Mas os desavisados eram pegos no susto.

Ao que parece, todos ficavam um pouco atordoados.

Veja o que diz um deles, que já tinha ouvido falar de Sócrates, sobre como se sentiu durante a conversa que tiveram.

– Não sei por que magia e quais drogas, por teus encantos tu me enfeitiçaste tão bem que tenho a cabeça cheia de dúvidas. Tu te pareces, pelo aspecto e por tudo, com esse grande peixe do mar que se chama raia. Esta paralisa imediatamente quem quer que se aproxime e a toque. Tu me fazes experimentar um efeito semelhante. Sim, estou paralisado de corpo e alma, e sou incapaz de responder-te. (Menon)

* * *

Achou exagerado o depoimento de Menon?

Então coloque-se no lugar dele. Você está atravessando apressado uma rua, no centro de Goiânia, abordado por um maltrapilho, que pergunta:

– Qual o seu nome?

– Adriano, e o seu?

– Sócrates. Prazer.

– Essa é minha esposa. Sofia.

– Você a ama?

– Eu a amo muito.

– Você tem certeza disso?

– Uma das poucas certezas da minha vida.

– Suponho, então, que saiba, com clareza, o que é o amor! Deve ter avançado muito no mundo dos conceitos. Eu sempre quis saber o que é o amor. Como não sei, nunca me atrevi a declará-lo. Só me resta seguir seus passos e me tornar seu discípulo.

– Amor é o que eu sinto por Sofia.

– Este é um bom exemplo. Mas não é uma definição que sirva para qualquer amante.

– Quem ama sente falta do amado. Gostaria que ele estivesse por perto.

– Quer dizer que amar é sentir falta?

– De certa maneira, sim.

– E quando o amado não faz falta?

– Nesse caso não é verdadeiramente amado.

– E se o amado estiver abraçado com o amante? Por definição, não o ama, nesse momento.

– Bem. Pode sim haver amor nesse caso.

– Uai. Mas nesse caso não há falta.

Vamos, Adriano. Estou curioso! Até a Sofia, que está superapressada, quer saber se você consegue amá-la, abraçado a ela.

Aquele "mala fedorento" – que nem ateniense é – quer saber o que é o amor. Aliás, nem goianiense é. Você foi afirmar que ama com certeza. Agora aguenta. Ou você aceita que nunca soube nada sobre o assunto – e que todas as declarações, ao longo de todos esses anos, foram vazias – ou trata de encontrar rapidinho uma alguma definição de amor que fique em pé.

CAPÍTULO 5

Especialistas na página 1

Sócrates era feliz. Ou melhor. Vivia feliz. Gostava muito do que fazia. De como fazia. Tinha enorme prazer em dialogar. E buscar as verdades desse jeito.

Um grande valor reluz na expressão tão corriqueira: "prazer em conhecer". E uma disposição permanente para pensar cada vez melhor.

Tá aí o que vale qualquer pena. Não acha?

* * *

Você faz perguntas desde criança.

Na infância perguntava por genuína curiosidade. Para saber sobre o mundo tudo que ainda não sabia. Gostava de aprender.

Arregalava os olhos em espanto e encantamento diante do desconhecido. E sorria quando as coisas iam fazendo algum sentido.

Um dia perguntou por que o céu é azul. Por que alguns mares são verdes, outros azuis e outros meio barrentos. O que segura as estrelas no céu, para elas não caírem na nossa cabeça. Como é que os aviões, tão pesados, ficam flutuando no ar.

– Onde o pernilongo guarda seu violino desafinado?

Perguntou também sobre a cegonha, a origem dos bebês e para onde o vovô terá ido, nessa viagem da qual parece nunca mais voltar.

Eram tantos os porquês ao longo do dia que você tinha que revezar a vítima.

* * *

Mas, aos poucos, você foi ficando adulto. E perdendo devagarinho o espírito curioso. Desapareceu o prazer de aprender por aprender. E, com ele, o valor do conhecimento por si mesmo.

Lembro de uma tarde, lá no quarto subsolo do pretérito imperfeito, em que me deixei distrair por uma borboleta amarela no centro do Rio. Era linda. Renderia um belo registro, no mínimo. Eu gostaria de ter-lhe acompanhado o trajeto. Mas tive medo de que alguém me pilhasse, lembrando daquela história vivida por Lúcio Cardoso, o escritor.

Um dia, como noutros, acordou cedo para trabalhar. Diferente doutros, estava meio no horário e meio zonzo de mente. Chegou a vestir-se, caminhou alguns quarteirões e viu que não estava bem.

Voltou para casa, telefonou para a Agência Nacional e disse a um amigo que não iria naquele dia, porque estava resfriado, e o vento era daqueles de arrastar folha seca. Quando o chefe de Lúcio perguntou onde ele estava, o colega respondeu: Ah! O Lúcio hoje não vem não. Ele até saiu de casa, mas no caminho encontrou uma folha seca e resolveu voltar.

* * *

Em algum momento da vida passou a importar só o que é útil. Você se tornou menos interessado e mais interesseiro. A ponto de só querer conhecer quando o conhecimento é indispensável para ganhar, ou não perder.

Do professor você espera saber o que vai cair na prova. Depois, se ele vai dar as notas. Ao colega, indaga aos sussurros a resposta da quinta questão. Vale tudo pra sair de um enrosco; tirar da frente aquela parada que angustia; virar a página de um mundo que amedronta.

Ouviu aulas, leu e estudou romantismo, sistema solar, revolução industrial, angiospermas, coordenadas cartesianas, afluentes do São Francisco, equações trigonométricas, calorimetria e muito mais.

Tirou dúvidas, perguntando. Mas não o fez por encantamento. E sim por estratégia. Em busca de aprovações e diplomas.

Você se tornou um campeão do útil. O rei do instrumento. O maioral do meio. Um soberano da técnica. De pergunta em pergunta, você bombou!!!!

Ainda ouço os aplausos. Da formatura. Da aprovação no vestibular. Da formatura 2. Do primeiro emprego. Da formatura 3 naquele MBA tão reverenciado. Da acensão meteórica. Da tomada de posse como CEO. O mais jovem da história. Você sempre foi incrível. Conseguia tudo que a sociedade aplaudia. Só na base da pergunta.

Talvez seja isso que chamam de sucesso.

* * *

Já eu, bem, eu me tornei adulto há décadas. Sou da categoria adulto mais. Ou *plus*. Um pós-adulto. Que requer cuidados especiais.

Meu caso é diferente.

Os objetivos de vida tornaram-se opacos. Nem para salvar minha pátria me animo a perguntar. Se precisar saber algo a mais do que tenho na mão, melhor deixar pra lá. Curiosidade zero.

Prefiro voltar pra casa e abortar a visita a um amigo das antigas a parar no posto e perguntar o caminho. Tornei-me adepto de um utilitarismo negativo. O pouco valor dos fins não justifica meio algum. Esforço nulo para ganho esperado de igual monta.

Se alguma dor apertar muito... aí quem sabe???

* * *

Neste momento em que estou escrevendo, sofro de terrível dor no pé. A experiência de anos anteriores ensina: é gota. O excesso de ácido úrico no sangue leva à formação de cristais que se acumulam nas juntas, produzindo uma dor insuportável.

E o pé é um pedaço do corpo de uso compulsório. Difícil ficar o tempo inteiro com o pé para cima. Afinal, pelo menos a cada duas horas tenho de ir ao vaso. Número 1, número 2, número 3, e para isso não tem jeito.

Apoiar o pé no chão é dor lancinante, mantê-lo no ar é saltar num pé só, arriscando minha queda e mais dor. É preciso tomar alguma coisa para resolver esse problema. Diminuir ou eliminar esse desconforto. Já não lembro mais o nome do remédio para gota.

A informação está ao alcance de uma consulta pelo celular, mas tendo a Natália ao lado é tentador perguntar:

– Você se lembra do nome daquele remédio para ácido úrico?

Você tinha razão; aquela filha querida se lembra. O problema do nome do remédio está resolvido. Você risca da lista e faz nova pergunta.

Neste ponto Maquiavel tem toda razão. Se for pra encher alguém, faça de uma vez. Para que o outro acredite estar sendo aborrecido uma vez só.

– Temos esse remédio em casa?

– Sim, na caixa de remédios. Sobrou uma cartela cheia da sua última crise.

– Você lembra de quanto em quanto tempo é preciso tomá-lo?

– Esse é um por dia.

Nada como ter alguém por perto que saiba o que você precisa saber.

* * *

Dependendo da nossa necessidade e da pergunta que temos a fazer, não dá para perguntar para qualquer um. Cada eventual interlocutor tem trajetórias próprias, singulares e incomparáveis. Graças a elas, dispõem de repertórios bem especializados.

Assim, para saber quanto tempo vamos levar de casa até a Marginal Pinheiros, no local da palestra, ninguém hesita. As estimativas do seu Alexandre superam em precisão as de qualquer aplicativo.

Já se o problema residir na aquisição de aparatos digitais, só o Guguinha pode esclarecer. Ele sabe o procedimento mais eficiente para conseguir o que estamos precisando.

Agora, se a dúvida for a respeito do local mais bonito para ir, nas férias ou no feriado, aí é melhor perguntar para a Wal, que, há algumas décadas, é profissional do turismo.

Saber para quem perguntar é condição para descobrirmos rápido a informação de que estamos precisando.

Se o seu Alexandre afirmar que chegaremos em 25 minutos, esse é o tempo que levaremos para o deslocamento. O Guguinha dirá a marca do celular mais adequado, se o objetivo for gravar vídeos para a internet. E a Wal, nos limites do orçamento, indicará o lugar mais lindo para ir. Isso deve bastar.

Confiamos nessas pessoas. São especialistas. Sabem muito sobre o que não sabemos. Iremos pelo caminho do sr. Alexandre, compraremos o celular indicado pelo Guguinha e passaremos as férias lá mesmo onde a Wal disser. Vida que segue. Costuma dar tudo certo.

Essas informações resolvem muito bem nossos problemas do dia a dia.

* * *

Em que consiste exatamente a resolução desses problemas?

Ora, numa situação qualquer da nossa vida de carne e osso surge uma necessidade. Algum pedaço de realidade de que precisamos para viver ou viver melhor. E que ainda nos falta. Daremos tratos a bola para converter essa falta em presença, isto é, para nos tornar detentores daquilo que nos faz falta.

Se, para tanto, nos falta conhecimento, perguntamos a quem supomos possa tê-lo.

Você não parece estar completamente convencido. Afinal, nesse negócio de viagem, nem sempre as indicações das agências te agradam completamente. Quanto ao celular, quando é pra funcionar na sua mão, sempre deu ruim.

Finalmente, quanto ao melhor caminho para chegar rápido a algum lugar da cidade, aí sim, nem aplicativo, nem seu Alexandre, nem ninguém pode assegurar nada.

Talvez porque o lugar bonito para a Wal, para o *marketing* do turismo e para a identidade dos lugares do mundo não coincida muito com o que você acha bonito.

Você então "pensa com seus botões", expressão tão antiga quanto eu.

Será que isso tudo relacionado à beleza depende mesmo dos olhos de quem vê?

Ou, ao contrário, será que há um belo incontestável, uma definição indiscutível de beleza, que permitiria a qualquer um diagnosticar com precisão cirúrgica a beleza de qualquer lugar? Fosse quem fosse, estivesse ou não gostando de estar ali.

Nesse caso, essa superdefinição daria a todos a mesma régua. Jogaria por terra toda divergência de apreciação. A avaliação de beleza seja lá do que for resultaria de uma confrontação entre isso que esteja sendo avaliado e os atributos de belo que constam da definição.

Mas por que, então, haveria tanta discordância? Lugares, pessoas, obras de arte, corpos, enfim, sobre tudo.

Você continua pensando. Parece que pegou gosto. E jeito.

Ora, é fácil entender o motivo dessas divergências. Nem uns nem outros dos que divergem têm a menor ideia da tal definição. Do que é belo de verdade. E acabam chamando de belos os lugares em razão do que sentiram na hora de visitá-los.

Às vezes essa eventual sensação boa nem tem a ver com o que foi percebido pelos sentidos. Resultou de uma companhia apaixonante, que convertia qualquer prainha mequetrefe num cartão postal.

Fico pensando em obras inteiras baseadas nessas impressões.

O que seria do russo Tchekhov sem a finura e a grandeza expressas em passagens como aquela em que um rapaz, observando sua amada, nota certo desleixo no traje, que acrescenta um encanto peculiar ao seu rosto, a quem a natureza dotou de gosto e instinto de beleza?

O problema é que, sem a tal definição, continuamos na mesma.

* * *

De fato. De onde a Wal teria tirado a beleza do lugar que indicou? Como pode ter tanta certeza? O que entende por belo? O que confere beleza a um lugar? Qual o fundamento do valor do belo?

Afirma com convicção que tal lugar é lindo porque está segura de que tem beleza ali. Beleza essa que também deveríamos encontrar no rosto de uma atriz e na pintura do artista famoso.

O que haverá de comum em todos esses casos? Na pintura de Monet, no sorriso de Natália do Vale e na aurora boreal?

E toda essa dificuldade não se restringe ao belo. O seu Alexandre, que sugeriu evitar a Av. Rebouças pra não atrasar muito, talvez pudesse nos explicar o que é o tempo. Afinal, sem ele, o tempo, não há lentidão, rapidez, atrasos ou pontualidade.

E o Guguinha, então? Para falar de eficiência, teria que falar de efeito alcançado, efeito pretendido, relação entre causa e efeito e outros temas embassadíssimos.

Em suma. Para responder sobre o belo, a eficiência e o tempo, estariam os três preparados? Da mesma forma, o médico que tira a dor e devolve a saúde ao paciente conseguiria defini-la? O advogado que tira o cliente da cadeia sabe mesmo o que é liberdade? E o professor que passa décadas ensinando saberá definir o conhecimento e os limites da razão?

Talvez essas perguntas só estejam respondidas na página 2 do livro da vida. Aquela mesma, lida por quase ninguém.

CAPÍTULO 6

Malandro é malandro

Sócrates perguntava muito. Mas raramente obtinha dos interlocutores a resposta que procurava.

Por que, então, continuava perguntando? O que pretendia com todas aquelas perguntas?

Talvez porque seu grande barato não fossem as respostas. Mas o método. O protocolo. O procedimento. O ato em si. E não o resultado de tudo isso. Nossa, eis mais um gigantesco valor. O do caminho. Do durante. Que atribuímos ao que estamos fazendo.

* * *

Esse tema de fazer perguntas constrangedoras me traz à mente o professor Vale. De Língua Portuguesa. Tão conhecido pelo sobrenome que afugentou da memória seus outros nomes. Começava todas as aulas com uma arguição.

As vítimas do dia eram uns dez, escolhidos pela lista de chamada. Posicionavam-se na frente da lousa, perfilados, lado a lado, e de costas para a classe. O mestre, de lá de cima do tablado, alvejava um a um com perguntas pouco previsíveis.

Como Sócrates, o professor Vale raramente obtinha dos alunos a resposta que buscava. As notas eram baixíssimas. Em mais de dez avaliações como essa ao longo do ano, acertei uma única questão: como eram os olhos de Capitu, protagonista que empresta o nome ao romance de Machado de Assis.

– Oblíquos e dissimulados, afirmei com inusitada convicção.

As respostas corretas eram tão raras que mereciam aplausos dos colegas. A cada erro mestre Vale antecipava as misérias materiais e simbólicas que aguardavam o aluno ignorante. Acusava-o de fazer mau uso do dinheiro dos pais. E finalmente, com sua inconfundível voz gutural e raspada, enunciava a verdade sobre aquela indagação.

Qualquer nota acima de zero era obtida pela eventual e improvável coincidência entre o que o aluno balbuciava e o gabarito agarrado na mente do professor.

Seguia com suas arguições por acreditar que avaliações rigorosas são o único caminho para o estudo e o aprendizado.

* * *

Vale me fazia lembrar do Policarpo, o mestre de "Conto de Escola", de Machado de Assis.

Aquele que entrava na sala em chinelas de cordovão, jaqueta de brim desbotada. Uma vez sentado, relanceava os olhos pela sala. E, ao surpreender as crianças em malinagem, aplicava-lhes a palmatória.

– Porcalhões, tratantes, faltosos de brio!

Bem que esse mestre lá da Regência parecia encontrar algum eco nos Vales do meu tempo.

* * *

Sócrates, como o professor Vale, também continuava perguntando. Mas, ao constatar o fracasso de seus alunos, não oferecia nenhuma resposta certa. Assegurava, desde o começo da conversa, não saber a resposta.

Ainda assim, também avaliava seu interlocutor. Não pelo resultado final daquela conversa, pela eventual verdade das derradeiras proposições, sempre carentes de um gabarito definitivo.

Mas pelo caminho percorrido. Pelo que fora articulado, com vistas à resposta final não encontrada.

Alguns professores do meu tempo de escola também seguiam essa linha. Não consideravam só o resultado. Acompanhavam o percurso intelectivo do aluno. Davam nota pelo raciocínio. Pelo encaminhamento da resposta. Pelas etapas percorridas. Quantas vezes o erro não estava na última continha?

Sócrates era mais parecido com estes últimos do que com o mestre Vale.

Vamos tentar ver mais de perto como funcionava essa escola itinerante do fundador da nossa filosofia. Vá imaginando, enquanto eu escrevo.

* * *

Sócrates encontra alguém na rua. Homem de ¾ de idade. Muito magro e de cabelos bem penteados. Seu nome é Manuel. Mas todo mundo o conhece por Mané.

Logo após os cumprimentos, Mané relata ao filósofo que acaba de presenciar uma cena horrível. Uma conduta de muita crueldade. Um autêntico espancamento. Sócrates deixa o rapaz falar, ouvindo com muita atenção. Em seguida, o faz dizer que a conduta virtuosa tem de ser muito diferente daquela.

Juntos vão nomeá-la "piedosa".

Mané, então, se lembra de um caso de piedade que o comoveu. Um gesto de verdadeiro heroísmo piedoso.

Sócrates pergunta ao seu interlocutor se ele tem certeza de que aquele caso relatado é mesmo de piedade. Este faz bico com a boca e joga a cabeça pra trás, meneio típico de quem não tem dúvidas a respeito.

– Lógico que sei.

Se aquilo não for piedade, o que mais seria?

Diante de tanta certeza, Sócrates supõe que Mané saiba o que é piedade. E, como ele próprio não sabe, pergunta-lhe o que é. Se tivesse caneta e caderno, certamente os tomaria para anotar a resposta.

Mané repete o exemplo dado em tom de obviedade. Piedade é o que acabara de relatar. Sócrates, então, observa que um exemplo, por mais elucidativo, não se confunde com um conceito. E que outros exemplos de conduta piedosa podem ser pensados, bem diferentes daquele relatado.

Convencido de que Sócrates tem razão, Mané arrisca uma definição, tentando incluir nela tudo o que lhe vem à cabeça sobre uma ação piedosa. Sócrates ouve com atenção. Elogia a iniciativa. Mas, prontamente, relata outro caso, em que o agente também parece movido por piedade e que não se encontra compreendido na definição de Mané.

Sem se deixar abater, nosso herói tenta pela terceira vez. E, novamente, o filósofo denuncia a fragilidade de sua proposição. Para isso, encontra agora exemplos que se alinham perfeitamente com o que propôs Mané, mas que de piedoso não tem nada.

Mané, então, joga a toalha. Admite não saber o que é piedade. Dessa forma, não poderia ter tido tanta certeza sobre a natureza piedosa do seu primeiro exemplo.

* * *

Até aqui tudo bem com o episódio Mané?

Ótimo.

Sócrates, então, lhe propõe um café.

Com calma, sentados degustando um expresso e um pão de queijo, cada um dispõe-se a dar uma aula sobre piedade. Começa, bem didático, enunciando o conceito certo. E, ao longo dos quinze minutos seguintes, comprova que, de acordo com esta nova definição, todos os casos cogitados de piedade encontram-se contemplados.

Desta vez é Mané que ouve com máxima atenção. E reconhece o acerto da definição proposta por Sócrates. Pede caneta e papel ao garçom e toma nota. Agradece ao professor o café, o ensinamento, e segue seu rumo.

* * *

Pois muito bem. Isto que eu acabei de relatar nestes dois últimos parágrafos nunca aconteceu com Sócrates. Nunca.

E por quê?

Sócrates pretendia que seus pupilos se exercitassem em pensamento, se empenhassem em suas conjecturas, formulassem suas alegações. Em momento algum se dispôs a substituí-los nessa tarefa. O fato de Mané ter se dado conta de que a evidência inicial era inconsistente, tentado dar definições, reconhecido a inconsistência delas era o que contava. A própria filosofia em prática.

SÓCRATES

Você poderia ponderar que Mané continua tão ignorante sobre piedade quanto era no começo da conversa. E você tem razão. Ainda assim, Sócrates jamais lhe pagaria aquele café com pão de queijo.

Neste caso, você confirma o que sempre pensou destas abstrações: não servem para nada.

* * *

Vamos pensar juntos de novo. Relaxe e entregue-se à imaginação, a partir do que eu for dizendo.

Ricardo, moço que veio de Andradina, foi o melhor nadador que já vi nadar. Técnica perfeita nos quatro estilos, destaque para o nado de costas, condição física impecável, empenho nos treinamentos e vontade de vencer. Era um deleite vê-lo treinar. Competir, então, nem se fale.

Para chegar ao nível mundial e olímpico, exercitava-se diariamente. Duas vezes por dia, muitas vezes. Cada treino exigia de Ricardo percorrer de 5 mil a 10 mil metros na piscina. O treino começava e terminava sempre na ponta mais próxima da sala do treinador.

Em duas horas de treinamento estafante, Ricardo dava tiros de distâncias variadas, com nível progressivo de intensidade, batia pernas com a prancha, aprimorava saídas e viradas, e muito mais. Duas horas depois, exausto, ele vestia seu roupão e se dirigia ao vestiário.

Para quem visita o clube distraído e passa pela piscina de vez em quando, duas horas se passaram e Ricardo não saiu do lugar. Abandonou a piscina exatamente no mesmo lugar do primeiro mergulho. Apesar de ter havido movimento, não houve deslocamento efetivo. Dali partiu e para ali voltou.

O incauto visitante, deselegante e sem noção, chacoteia:

– Ainda por aí? Você não tem nada pra fazer?

Ainda ofegante, Ricardo responde que, embora esteja ocupando a mesma posição de duas horas atrás, muita coisa mudou durante esse tempo. Encontra-se treinado, preparado, transformado, aperfeiçoado, modificado. Mais próximo da excelência na arte de se deslocar na piscina.

* * *

Ora, o mesmo se deu com Mané. De fato, a conversa com Sócrates não lhe trouxe nenhuma verdade adicional. Do ponto de vista de um repertório confiável de conceitos, Mané não saiu do lugar. Do zero partiu e ao zero retornou no final da conversa.

Entretanto, depois de oferecer respostas às estafantes perguntas do seu instrutor, Mané também se encontrava treinado, preparado, transformado, aperfeiçoado, modificado. Tal como o Ricardo, o nadador.

Mais próximo da excelência na arte de pensar.

CAPÍTULO 7

Contrações da alma

Sócrates comparou seu próprio trabalho ao de sua mãe, que era parteira. A mulher ajudava a parir crianças, e ele, discursos, conceitos, ideias.

– Estou com os valores da vida na cabeça. A mãe, bem, essa acho que recebia pelo seu trabalho. Mas Sócrates, não vejo o que poderia lhe compensar a pena de tanto esforço.

Um valor aqui pulsa, clamando pela sua carinhosa atenção. Dar à luz. Fazer nascer. Trazer ao mundo. Facilitar o começo. Ajudar a existir.

– Mas aí, sem querer parecer muito egoísta, quem se dá bem é o outro, não? Tipo a mãe, que sofre menos, ou o perguntado, que aprende a pensar melhor.

O brilho nos olhos da enfermeira que toma o recém-nascido em suas mãos, corta o cordão, prepara a criança e traz para a mãe responde à sua pergunta. Suponho que os de Sócrates, meio saltados, brilhassem ainda mais ao empurrar – com suas perguntas – um aluno qualquer a parir um discurso mais próximo da verdade.

* * *

Meu filho mais velho, Martin, nasceu em Paris. Eles nascem antes, é verdade. Nascem no momento em que se anunciam. Mas foi em 5 de dezembro de 1987 que ele chegou. Eu morava por lá, para estudar. Na França, mais de trinta anos atrás, quem auxiliava as gestantes no parto, em todos os hospitais, eram parteiras. Não médicos, como já acontecia por aqui.

Não sei por quê, o perfume daquela mulher que trouxe Martin ao mundo sulcou em bisturi incandescente os confusos e apagados registros de minha memória olfativa.

Era uma esplêndida senhora, certamente. Como o atestavam a regularidade e a neve dos dentes. Estranho como a vida, solicitando-nos a novos hábitos, impõe-nos igualmente nova técnica de cortesia, e há de ser gentil para com uma senhora, quando todo o nosso equilíbrio depende também dela.

Era uma *sage-femme*, parteira em francês.

Fora do contexto hospitalar, este termo quer dizer "mulher ajuizada". O termo *sagesse*, em francês, também é usado para indicar sabedoria. Uma *sage-femme*, neste sentido, é uma "mulher sábia". A relação entre parteiros e sábios, anunciada por Sócrates, parece consolidada na cultura dos herdeiros de Montaigne e de Pascal.

Talvez caiba aqui ir um pouco além. Se é para aceitar a comparação, podemos levá-la mais a sério. Com certeza, é o que o próprio Sócrates esperaria de nós.

* * *

Pensemos juntos agora nos vários aspectos dessas atividades, tão distintas em aparência.

– Não sei se eu entendi direito o que vamos fazer!

Proponho uma analogia. Entre nadar e dirigir um automóvel. Aparentemente, são atividades bem distintas. No entanto, podemos escolher juntos alguns critérios com base nos quais será possível conhecer melhor o que é nadar – analisando o que acontece quando dirigimos – e/ou entender melhor a atividade de conduzir um veículo com base nos movimentos do corpo na piscina.

– E que critérios são esses?

Bem. Pensemos juntos.

Quanto à prática solitária. Nadar e dirigir. São movimentos que dispensam a presença de outra pessoa. A natação é um esporte do eu com seus azulejos. E, mesmo que você integre uma equipe, enquanto estiver nadando é melhor contar com a imaginação.

A condução do veículo, também. Você vai de São Paulo ao Rio pela Dutra em meio às divagações que surgirem na mente. Outras eventuais pessoas no carro não alteram em nada o essencial da condução.

Quanto a um instrumento de apoio. Sim, ambas as atividades requerem um. Não há natação sem água. Tampouco condução sem veículo.

Quanto a um necessário aprendizado. Nadar e conduzir vão além das competências inatas. Requerem aprendizado. Por isso, autoescolas e cursos de natação.

E obedecem a protocolos refinados. Técnica. Um jeito certo de fazer. Por isso podem ser malfeitos ou bem feitos.

Ambos admitem prática competitiva. Disputa de troféus. E praticantes profissionais. Seus expoentes são reverenciados, aplaudidos e idolatrados.

Por comparação, a análise das atividades baseada nesses critérios permite – a quem pretenda conhecê-las melhor – dispor de referências para se aprofundar.

Entendi agora. Ficou claríssimo o que você propôs.

* * *

Voltemos então a Sócrates e a sua mãe. Esta, parteira de crianças. Aquele, parteiro de discursos, conceitos, definições. Encontremos juntos, como no caso da natação e da condução, alguns critérios que nos sirvam de referência.

Quanto ao caráter secundário das atividades, tanto a mãe parteira de crianças quanto o filho, parteiro de conceitos, prestam um auxílio. Oferecem um apoio, um suporte. Ajudam o outro a realizar. Enfatizamos que o essencial ou o principal da operação é realizado pelo outro. A mãe parturiente e o cidadão ateniense questionado pelo filósofo.

Podemos nos perguntar sobre a possibilidade de sucesso desse "pôr pra fora", sem a intervenção de seus auxiliares parteiros. A despeito das imensas dificuldades, a história da obstetrícia nos indica infinitos casos de partos bem-sucedidos na solidão da genitora. No que diz respeito ao parto de conceitos, continuamos com a dúvida sobre a sua possibilidade sem a ocorrência de algum tipo de diálogo.

Seria oportuno ouvir o próprio Sócrates sobre essa possibilidade.

Em contrapartida, a intervenção desses auxiliares não garante o sucesso da atividade. Assim, é possível o fracasso tanto do parto da criança – o corpo do feto vem ao mundo sem vida – quanto do discurso – que vem ao mundo sem verdade alguma.

* * *

Quanto ao número de envolvidos, as duas atividades requerem mais um. E, portanto, mais de um. Irrealizáveis, portanto, de forma solitária. E em ambos os casos o beneficiado é o outro. Trata-se, portanto, de uma prestação de serviços. Obstetrícios e filosóficos.

Enquanto a mãe auxiliava o parto mediante contrapartida econômica, diríamos nós profissionalmente, Sócrates o fazia em trabalho voluntário.

Quanto ao alcance social da atividade, a mãe assegura pelos partos bem-sucedidos a população da cidade. Mais do que isso. Novos atenienses natos. Que preencherão esse importante requisito da cidadania. Poderão tornar-se cidadãos. E participar de decisões a respeito de temas que dizem respeito a toda a pólis.

Não havia como defender na ágora um ponto de vista qualquer sem ter passado pelo trabalho bem-sucedido da mãe de Sócrates.

* * *

Quanto à origem do que precisa ser parido, o espermatozoide – que deixa o corpo masculino acompanhado de muitos outros – encontra o óvulo. Forma-se o embrião. Se este encontrar condições favoráveis no útero, a mulher engravida. Tem início a gestação, que normalmente dura nove meses. É nesse momento que a parteira intervém. Ela não participa da fecundação, tampouco da gestação.

No caso do parto filosófico, Sócrates é parteiro de um tipo de discurso a ser anunciado pelo seu interlocutor, cuja origem também se encontra bem longe dele. Ou seja, a origem das ideias, do pensamento e do discurso que Sócrates se esforça a fazer surgir na boca daquele com quem dialoga nada tem a ver com ele próprio.

E não é só a origem do que há a parir.

A criança a ser parida, que está prestes a nascer, já chega à maternidade, no interior da mãe, completamente formada.

Ora, a julgar pela analogia proposta por Sócrates, o seu trabalho de parteiro ajudaria a pôr pra fora um discurso que já se encontra nele, no seu interior, ou no seu espírito.

A definição perseguida por aquela atividade dialogada já estaria ali, completamente formada, quando da abordagem de Sócrates. Cabendo ao filósofo – com suas perguntas – fazer seu interlocutor enunciá-la, formulá-la, por intermédio de palavras.

* * *

Quanto à especificidade do atendido.

Todo parto requer gravidez. Só mulheres grávidas dão à luz. E nem todas as pessoas, como é óbvio, são mulheres grávidas.

Por isso, parteiras só podem exercer seu ofício junto àquelas que atendam a condições fisiológicas muito específicas.

Ora, se Sócrates compara seu ofício ao de sua mãe, estamos autorizados a inferir que seu método também requeira pré-requisitos. Nem todos estariam aptos a dar à luz discursos que encerrem conceitos ou definições verdadeiras.

O filósofo ajudaria espíritos grávidos, previamente fecundados e, portanto, aptos a parir. Como a fecundação do espírito é menos perceptível que a do corpo, Sócrates tentou exercer seu ofício com pessoas sem condições de trazer à luz o melhor discurso, o conceito tão pretendido.

E não é só isso. A gravidez é só o começo. O parto requer também muito esforço por parte da parturiente. Muito distante de um deslizar suave e tranquilo.

Todos sabemos, e a parteira mais que ninguém, que o parto é precedido de contrações, atividade custosa da qual participa todo o corpo da mãe, com ênfase para o seu aparato reprodutor. O parto é dito natural, o nascimento é iminente, mas a sua realização é custosa, difícil, resultante de esforço e dor.

Da mesma forma, o parto filosófico de um conceito também requer intensa atividade intelectiva, esforço do espírito, contrações da alma. Para que aquele discurso a ser enunciado possa, finalmente, vir à luz. O enunciado mais consistente pode estar na ponta da língua, na iminência de ser formulado, mas a sua efetiva execução é dolorosa, custosa.

SÓCRATES

* * *

Quanto à natureza desse auxílio, no parto do bebê a parteira puxa a criança pela ponta que aparece, muitas vezes a cabeça. Seu trabalho se objetiva num auxílio mecânico. Num somar de forças. A parturiente empurra de dentro, e a parteira puxa de fora.

O mesmo ocorreria no parto de um conceito. O parteiro Sócrates precisa de uma pontinha de discurso, de um pedacinho de ideia para conseguir ajudar o parturiente a pôr para fora o discurso que tanto lhe custa.

O interlocutor empurra de dentro, oferecendo respostas provisórias. O parteiro puxa de fora, fazendo as melhores perguntas que consegue. As palavras que as constituem são matéria, que buscam enganchar na matéria das respostas que estão por serem enunciadas.

Em ambos os casos, há um componente psicológico de incentivo, de torcida. Tanto quanto num evento esportivo, você pode gritar o que for, cabe ao jogador a execução do movimento vitorioso.

* * *

Finalmente, quanto à autonomia da vida parida.

Uma vez o corpo do bebê fora da mãe, há que ultimar a separação definitiva, o corte do cordão umbilical, autorizando uma existência por si, separada e autônoma em relação ao corpo da mãe que pariu.

Ora, se Sócrates é parteiro, deverá também zelar para que aquele discurso parido possa ter existência e vida para além do seu enunciador.

CAPÍTULO 8

Reputação fora de alcance

Quem tem convicção sobre o que vale todas as penas em sua própria vida não costuma dar bola para a torcida. Esta é incoerente e passional. Massa descontrolada com jeito de ameba amiga. Ou francamente ameaçadora. Que em fagocitose se alimenta das almas perdidas e à deriva.

* * *

Sócrates foi alvo de muitos comentários. Em especial no fim da vida, quando se tornou muito conhecido. Opiniões diversas e muitas vezes contraditórias. Atacado sem clemência pelos que se sentiam por ele ameaçados ou por ele ridicularizados. Mas, claro, também muito enaltecido pelos seus discípulos.

Uma reputação controversa, portanto.

Definida e redefinida por juízos extremos. Não se tratando de um indivíduo comum, considerações mornas e triviais, de indiferença ou desdém, davam lugar a tomadas de posição fortemente engajadas.

Mesmo depois da sua morte, a imagem de Sócrates continuou sendo objeto de disputa, denunciando a sobrevivência da identidade às células do corpo. A memória coletiva de sua figura tornou-se troféu, objeto de luta renhida. A representação legítima do personagem, do mito, do pai fundador resultou de intensas disputas simbólicas travadas pelos seus herdeiros.

* * *

Alguns anos depois da morte de Sócrates, circulou um panfleto reforçando o teor das acusações que o levaram a julgamento e condenação. Iniciativa de alguns de seus detratores para que a cidade não se esquecesse dos atributos negativos de caráter daquele que havia condenado.

Em rechaço ao tal panfleto, os seus discípulos produziram diálogos, supostamente protagonizados pelo filósofo, nos quais o teor da sua fala vinha ungido de presumida sabedoria e compromisso inquebrantável com a defesa da sua cidade e da sociedade a que pertencia.

Lamentavelmente, desses diálogos pouca coisa sobrou. Apenas fragmentos. Entre eles a produção mais preciosa para a história do pensamento: a *Apologia de Sócrates*, escrita pelo seu mais prestigioso discípulo, um tal Platão.

Não é possível conhecer o pensamento de Sócrates por ele mesmo. Todos nós que queremos saber mais e mais sobre o que ele pensava temos de nos remeter a outras fontes. A relatos de terceiros. A obra de Platão é certamente a mais mencionada, conhecida e importante.

* * *

Platão era discípulo de Sócrates. Tinha pelo mestre imensa admiração. A ponto de tornar o pensamento socrático a inspiração maior da sua vida.

Esse poderoso afeto poderia levantar suspeitas sobre a confiabilidade do seu testemunho. Aprendemos a confiar mais em relatos e análises ditos objetivos. E a suspeitar daqueles enunciados por pessoas interessadas, afetivamente envolvidas, e, portanto, pouco ou nada isentas.

Talvez por isso mesmo esses vínculos afetivos entre quem fala bem e quem é bem falado acabem reduzindo o impacto positivo do bem dizer. Quantas vezes já não ouvimos elogios precedidos de advertências como: "eu sei que sou suspeito pra falar, mas fulano de tal é o máximo".

Nunca é demais lembrar do professor Bourdieu. Que queria dizer exatamente isso que estamos comentando, mas que tinha um jeito todo próprio de se manifestar. "Os circuitos de consagração social serão tanto mais eficazes quanto maior for a distância social do objeto consagrado".

É o que estávamos tentando explicar, com as nossas humildes palavras.

Quanto mais distantes de Sócrates – do ponto de vista social e afetivo – estivessem os enunciadores e enunciatários de discursos falando bem dele, mais esses elogios impactariam positivamente a sua reputação. Ora, não era o caso de Platão. Todos sabiam que esse filho da aristocracia estaria disposto a tudo para proteger o seu mestre.

* * *

Sempre se poderia sugerir a busca de outras fontes. Multiplicando os pontos de vista e as narrativas, eliminaríamos aos poucos os vieses, os exageros e as deformações.

No entanto, discursos ganham asas. Tudo indica que, em algum lugar do universo, ainda podem ser ouvidos. Mas longe daqui. Acessível a nós, sobrou pouco. Sem celulares, câmeras e gravadores, os registros do que dizia o filósofo não advêm de inúmeras fontes. Tampouco indicam grande diversidade de perspectivas.

Mas deixemos de choramingar. Seu tempo é precioso, e as páginas, escassas.

* * *

Aristófanes era um artista. Um poeta, como se dizia naquele tempo. Autor de comédias. Em relação a Sócrates, um desafeto. Crítico ácido.

Nas Nuvens, peça de sua autoria, o filósofo é apresentado como destacado da realidade, preocupado com o que não é real, com o que é imaterial e não diz respeito à vida concreta das pessoas. Na obra, Sócrates ensina seus discípulos a olhar o mundo das nuvens, a pensar sobre coisas em que ninguém pensa, de um jeito inutilmente questionador.

Por isso mesmo, tratava-se de um mau mestre. Nefasto para a juventude. Conduzia seus alunos a preocupações irrelevantes para a vida no mundo em que vivemos. Distanciando-os das legítimas preocupações do cotidiano. Para as quais deveria ser preparado. E nelas permanecer focado.

Assim, Aristófanes se serviu da comédia para ridicularizar Sócrates. Colocá-lo numa posição de alienação, de funcionamento anormal da mente.

O impacto das críticas do poeta era significativo, dada a imensa popularidade de suas obras.

* * *

O leitor certamente se deu conta do timbre de atualidade das suas críticas ao filósofo.

Tudo que Aristófanes fala da atividade de Sócrates poderia, nos dias de hoje, ser interpretado de forma positiva. Isto é, nada nos impede de julgar essas acusações com régua invertida.

Este nosso mundo é dominado pela instrumentalidade, técnica, eficiência e competição. Ensinar os alunos a olhar o mundo das nuvens, a ir um pouco além da realidade, corresponde ao que hoje muitos denominam "pensar fora da caixa". Competência aplaudida até mesmo no coração do mundo corporativo.

Para desenvolvê-la é preciso, em algum momento, conseguir sair. Pensar o mundo com base em outros referenciais, quem sabe outro paradigma. Ver o que ninguém vê.

* * *

Há uma pequena história de que gosto muito. Fábula das Minas Gerais.

Paulo tinha fama de mentiroso. Um dia chegou em casa dizendo que vira no campo dois dragões da independência cuspindo fogo e lendo fotonovelas. A mãe botou-o de castigo. Na semana seguinte veio contando que caíra no pátio da escola um pedaço de lua, e ficou sem sobremesa.

Quando um dia voltou falando que todas as borboletas da Terra passaram pela chácara de sinhá Elipídia formando um tapete voador, a mãe decidiu levá-lo ao médico.

O Dr. Epaminondas abanou a cabeça:

– Dona Coló, este menino é um caso perdido de poesia.

Puxa vida, querido leitor. Como eu teria exultado se tivesse recebido na infância tardia um elogio assim: caso perdido de poesia.

* * *

Na contramão de Aristófanes, o descolamento e recuo sugeridos por Sócrates não eram propriamente poéticos, mas merecem absoluta reverência.

Prática pedagógica de fomento do senso crítico. Condição de um pensamento verdadeiramente inovador. E de atitudes, protocolos e procedimentos inéditos, capazes de fazer face aos sempre novos desafios.

Assim, estaríamos hoje dispostos a aplaudir o professor que ensina a pensar a vida e as coisas do mundo, o homem e suas relações, com base em uma perspectiva nova.

Como aquele que nos facultava o olhar a partir das nuvens.

* * *

As Nuvens apresentam um senhor patrão atormentado. Seu nome é Estrepsíades. O cenário é seu quarto de dormir. Nele também se encontram Fidípides e escravos adormecidos. Pela janela vê-se a casa de Sócrates. Ainda é noite.

Observe a angústia legítima do patrão em suas cogitações:

"Como são longas estas noites, Zeus! Parece que o dia nunca vai chegar! O galo já cantou há muito tempo, mas os meus escravos ainda estão roncando. Antigamente não era assim, maldita seja a guerra por muitas razões e principalmente porque ela não deixa castigar esses vagabundos...

"Mas, coitado de mim, não posso dormir, atormentado pelas despesas, pelos custos das cocheiras e dos cavalos e pelas dívidas contraídas para sustentar tudo isso...

"Estou minguando ao ver a Lua trazendo os dias dos vencimentos, ao mesmo tempo que as dívidas e os juros se amontoam. Vá buscar meu livro de contas! Quero ler os nomes de todos os meus credores e calcular logo os juros".

Aristófanes assim descreve as preocupações de um homem com os pés no chão, com a vida por ganhar, atormentado pela labuta e pela gestão dos seus negócios. Esse cenário mental de preocupação, temor e ansiedade é valorado de forma positiva pela seriedade e pelo senso de responsabilidade ali presentes.

Em contraste, as preocupações e os ensinamentos atribuídos a Sócrates.

* * *

Se, para Aristófanes, Sócrates era um subversivo, que desrespeitava as tradições, atentava contra a cultura ateniense mais consolidada, um anticonformista, um revolucionário, outras fontes podem sugerir avaliações muito diferentes, talvez contrárias.

É o caso de Polícrates, que escreveu o *Processo de Sócrates*, logo após a morte do filósofo. Na obra, o autor sugere que Sócrates era um inimigo da democracia. Próximo e vinculado ao mundo aristocrático.

Nos dias de hoje, um ultraconservador, que teria apoiado os governos mais autoritários.

Logo após a guerra do Peloponeso, em que Atenas foi humilhada, trinta personalidades importantes da cidade decretaram um golpe de estado, impuseram um novo regime nada democrático, conhecido como dos Trinta Tiranos.

Segundo Polícrates, Sócrates teria sido grande incentivador e apoiador desse movimento. Mais do que isso. Fora professor e conselheiro de muitos desses trinta tiranos.

Sócrates admitiria metade do que lhe fora imputado. Fora, de fato, professor de muitos deles. Inclusive de Crítias, o líder do movimento. Mas jamais reconheceria ter apoiado o golpe de estado e o governo por eles instalado em Atenas.

Observemos que o *Processo de Sócrates*, escrito por Polícrates, nos oferece um entendimento da atividade política do filósofo em Atenas completamente diferente do que fora sugerido por Aristófanes.

Se essa diversidade nos traz alguma garantia de não estarmos sendo conduzidos a um olhar enviesado, nos deixa no limbo de interpretações tão diferentes, incompatíveis e inconciliáveis.

A leitura do *Processo* nos faz crer que Sócrates teria sido condenado à morte apenas por ser inimigo da democracia, dos democratas, e partidário de um governo de poucos, pouquíssimos. Tidos, em algum momento, como os únicos capazes de tirar Atenas da crise e da situação humilhante em que se encontrava. Será?

CAPÍTULO 9

Sabe que nada sabe

Sócrates afirmava nada saber. Uma constatação a respeito de si mesmo, da própria alma. Avaliação do que passava, ou não, pela sua mente. Um diagnóstico a respeito de sua realidade espiritual.

– Existe na consciência dessa ignorância algum indicativo de valor existencial?

Ter consciência da própria ignorância, da fragilidade das próprias convicções, abre a porta para uma preciosidade da vida. O embevecimento. O encantamento diante do mundo. E a disposição para conhecê-lo melhor.

Até porque, para aqueles que acreditam tudo saber, esse prazer de descobrir já terá sido vivido no passado. Para o agora, restou o tédio empanzinado de quem já engoliu o mundo todo sem ter deixado nada pra sobremesa.

* * *

Mas o que quer dizer com isso? "Sei que nada sei!"

Esse "nada" é meio estranho. Se fosse nada mesmo, nada de verdade, a frase não poderia ter começado com "sei". E, mesmo que fosse "só sei", ainda assim haveria algum saber. O que é diferente de nada. É mais do que nada, ao menos um tiquinho.

Há, portanto, um saber. Talvez singular. Único. Mas há. Um saber positivo. Indiscutível. Que tem por objeto o saber. Ou melhor, a falta dele. A ignorância.

– Uma afirmação que se desmente, portanto.

Exatamente. Como aquelas expressões de outros tempos, que serviam para fazer graça: "a volta dos que não foram", ou "as tranças do rei careca". Se Sócrates nada soubesse verdadeiramente, não poderia saber que nada sabe. Se sabe que nada sabe, algo sabe. Sabe que não sabe.

Poderia ter dito: "eu sei uma coisa". Ou ainda: "eu só sei uma coisa". Sei que não sei nada. Nada, a não ser isso mesmo, que não sei nada.

E tem mais. Esse saber sobre a própria ignorância é imenso. Porque se desdobra ao infinito.

– Como assim, ao infinito? Não entendi!

Todo saber que tem por objeto a si mesmo denuncia outro, que tem por objeto um si mesmo que sabe sobre si mesmo. Uma consciência da consciência. E assim indefinidamente. Toda consciência dela própria nos mergulha num abismo sem fundo.

Nossa. Agora mesmo que eu não entendi lhufas. Que abismo é esse?

Veja. Sei que me chamo Clóvis. Mas também sei que sei que me chamo Clóvis. Tenho consciência da minha consciência. Que por sua vez sabe o meu nome.

Ora, essa consciência da consciência indica que posso ir mais longe. E ter consciência daquela consciência da consciência. No caso, sei que sei que sei que me chamo Clóvis.

Viu?! Não tem fim. Não tem fundo. Não tem chão. É um abismo.

Então, se Sócrates sabe que nada sabe, também sabe que sabe que nada sabe, e, também, sabe que sabe que sabe que nada sabe, e por aí vai. Ora, se é sem fundo, sabe um montão de coisa, além de saber que nada sabe.

E acabou virando um sábio.

Então somos todos sábios???

Podemos ser. Mas a consciência da ignorância é muito diferente da consciência do meu nome. E isso acaba fazendo toda a diferença.

* * *

"Só sei que nada sei."

Há nessa afirmação um exagero. Parece tratar-se de um recurso para chocar o interlocutor. Atraí-lo para o que vem em seguida. Um golpe de retórica.

Como assim?! "Só sei que nada sei."

Ninguém consegue viver só sabendo isso. Tente atravessar a rua com essa única certeza. De que nada sabe. Se ignorar de verdade que um eventual encontro entre um veículo e um pedestre resulta em atropelamento com prejuízo maior para o segundo, acabará se dando mal.

E pode apostar. Em alguns segundos, não terá tempo para dialogar com algum filósofo sobre o que significa "se dar mal".

Sócrates, como qualquer pessoa, sabia muitas coisas.

O caminho de casa até a ágora, a cidade onde vivia, o idioma que usava para se comunicar, o nome das pessoas de sua família, quem descobriu a Grécia, o tipo de berinjela mais adequado para preparar uma mussaca, o nome do goleiro do Olympiacus, que não podia comer alho no jantar, etc.

Portanto, ao afirmar não saber, é de supor que não estivesse se referindo a nada disso. A nenhum saber trivial, desses úteis para passar o tempo, encher os dias ou sobreviver. Fazia alusão a um tipo particular de ignorância, ou melhor, à ignorância de um tipo particular de coisas.

– A que ignorância estava, então, se referindo? Sobre que assuntos afirmava nada saber?

Talvez ignorasse o que fazer da vida. O que um homem qualquer deveria fazer de sua vida. O que faria de uma vida qualquer uma vida boa. Como o homem deveria viver.

Por certo, pretendia denunciar a mesma ignorância por parte de seus concidadãos. Fazer-lhes constatá-la em si mesmos.

Viviam em rebanho, imitando uns aos outros, ou repetindo o que sempre fizeram. Deslocavam-se no fluxo da correnteza, entregando o timão das decisões ao acaso, ao óbvio ou ao de sempre. Dirigiam-se para onde o nariz apontava. Na busca do prazer mais fácil, do conforto possível, da simples comodidade.

A consciência dessa ignorância fez de Sócrates o mais sábio em Atenas, segundo declaração de um oráculo, porta-voz do pensamento divino.

De fato, saber-se ignorante é saber algo. Mas algo tão precioso que o colocava anos-luz à frente de seus concidadãos, cheios de empáfia e soberba por acreditar saber na mais completa ignorância.

* * *

– Uma pergunta! Essa sabedoria, escorada na consciência da própria ignorância, garante por si só uma vida boa?

Certamente não. Saber nada saber – e ficar nisso – seria patético. Tornaria a vida tão vazia quanto a de um ignorante sabichão.

– Mas, então, onde está o pulo do gato?

Ora, leitor amigo. Saber que nada sabe é só o primeiro passo. Um lindo passo, é verdade. Mais que relevante. Mas só o primeiro. O mais valioso vem na sequência.

A partir dessa ignorância assumida, escancara-se uma janela. Justifica-se uma busca. Uma lacuna que busca preenchimento. Falta que clama por presença. Fragilidade que pretende consistência.

O objetivo inicial de Sócrates em sua atividade pedagógica era auxiliar seu aluno a dar esse primeiro passo. Aceitar a inconsistência das assertivas mais imediatas. Dar-se conta de que, na hora de formular alguma definição sobre coisas importantes para a vida, o que brota no espírito é bem pobre.

Só então, diagnosticada a debilidade do que tinha a dizer, o diálogo se encaminhava para iniciativas mais positivas.

* * *

E quanto ao ignorante que ignora a própria ignorância?

Ora, esse não empreende busca alguma. Porque já crê saber. Ocupa o espírito com conteúdos falsos. Inconsistentes. Mas, como não sabe disso, acredita estar de boa, não precisar de mais nada. Autoriza-se a relaxar. A proporcionar ao espírito o conforto ilusório da inércia.

Essa inconsistência, quando compartilhada, reforça a impressão de que está tudo bem. Quanto mais pobre o senso comum, mais óbvias as falsas obviedades, evidentes as falsas evidências e aparentemente verdadeiras as falsidades.

Em espaços desse tipo, os critérios de aplauso, legitimidade e reconhecimento dispensam os candidatos de buscar verdades para além do que ordinariamente se sabe.

Nesses casos, uma vida de sucesso acaba se convertendo num jogo de chancelas recíprocas. Instituições e agentes sociais autorizados atestam meia dúzia de bobagens como sendo o máximo e pronto. Podem aplaudir.

Ouço meus colegas de faculdade conversando. Não os professores de hoje. Os que estudaram comigo. Afirmam ter feito um excelente curso. E, por causa disso, estão onde estão.

Acreditam ter sucesso. E supõem dispor de argumentos para justificar essa crença. Afinal, sucesso é uma forma vulgar e genérica de atestar algum tipo de capital social acumulado, em campos sociais específicos. Seu valor será sempre definido pelo outro. Socialmente.

Talvez seja isso mesmo que Sócrates queria dizer.

Uma vida de sucesso, de glória e reconhecimento, não é, por isso, necessariamente boa. Porque a efetiva elevação do espírito, em busca das verdadeiras verdades, essa não costuma ser aplaudida tão fácil. Nem na ágora, nem em redes sociais, por alguns milhões de abilolados seguidores.

* * *

Aliás, é bem possível que Balzac, o autor francês do século XIX, tenha meditado bastante nesse tema quando publicou, em 1831, *A Pele de Onagro*.

Disperso, prolífico, ambicioso e genial, Balzac foi, como ele mesmo dizia, mais que um romancista, um cronista de costumes.

Do imenso inventário que foi a sua obra, interrompida apenas com sua morte aos 51 anos, destacam-se histórias como a de Raphael. O jovem aristocrata Raphael de Valentin, desesperado por ter fracassado na vida.

Enquanto planeja o suicídio, encontra um velho e estranho antiquário que o presenteia com uma milagrosa pele de onagro (espécie de jumento). Esta confere ao dono poderes especiais, satisfazendo todos os seus desejos materiais.

Porém, sobre o talismã paira um feitiço: a cada desejo atendido, ele encolhe, encurtando também a vida de quem a ele recorre.

A essa altura, o jovem, já sucumbido à vaidade, ao conforto da fortuna e à magistral beleza da condessa Fedora, em detrimento do amor sincero da humilde Pauline, descobre, à custa de sua própria existência, que "querer queima, e o poder corrói".

A glorificação da iniciativa e da apoteose individual, defendida pelo mesmo Balzac em outras obras, aqui é tomada por compêndio moral. Um alerta sobre os riscos de uma vida apequenada pela hipertrofia do eu desejante.

CAPÍTULO 10

Tinta não, congela a vida!

Há um enigma em Sócrates. Ou no mínimo uma curiosidade. Ele é considerado o pai da filosofia ocidental. O fundador de um jeito ocidental de pensar certas questões.

O pensamento filosófico por ele inaugurado pode ser conhecido, quase completamente, em páginas escritas. Inclusive o seu próprio pensamento nos chega pela iniciativa de quem o deixou registrado. Tudo por escrito.

No entanto, Sócrates, ele mesmo, nada escreveu.

Assim, se as questões abordadas pelo filósofo são objeto de reflexão até hoje, o método que ele considerava mais adequado para examiná-las não foi plenamente endossado pelos seus sucessores. A oralidade em diálogo cedeu lugar a outras formas de produção e manifestação dos discursos filosóficos. Não ganhou *status* de tradição, portanto.

* * *

Por que Sócrates não teria escrito nada?

Proponho deixar que ele mesmo se explique.

Segundo Platão, Sócrates falou sobre a escrita dialogando com Fedro. Curiosamente, sem o texto escrito desse diálogo, não poderíamos saber o teor das suas críticas à escrita.

Num primeiro momento da conversa, ele pega mais leve. Parece conceder ao registro escrito algo de positivo. Trata-se de um simples suporte para a lembrança de quem se dispõe a enunciar um discurso.

Os franceses usam a expressão *aide-mémoire*.

Para o filósofo, a escrita permitiria trazer ao espírito do porta-voz, no instante da produção discursiva, uma proposição já formulada que pretende retomar. Recorre a ela para assegurar uma repetição. Um recurso supersecundário, portanto. Mero auxílio ou "quebra-galho" da memória.

Se, graças a essa lembrança, facultada pela escrita, alguém que busca a verdade conseguir enunciar, em plena atividade filosófica, um discurso consistente, então OK. Assim, recorrer à escrita, lembrar-se e, dessa forma, buscar a verdade é melhor do que não sair do lugar por fragilidade de memória.

Ainda assim, não esqueçamos que, para Sócrates, o discurso filosófico deve se inscrever na alma de quem o enuncia. É a esta que compete o rememorar das essências eternas.

Nos termos do filósofo, registrados por Platão:

"aqueles que acham que nos traços escritos terão deixado para a posteridade algum conhecimento técnico e aqueles outros que, na posse desses mesmos traços, acreditam dispor de algo seguro e sólido, pois bem, suas crenças são de grande ingenuidade".

* * *

Falando em ingenuidade... Conta-se que certa vez um bibliógrafo se tornou filósofo. A verdadeira sabedoria está nos livros não escritos, dizia. Nas folhas de papel em branco, reunidas em volumes encadernados. Trocou os livros impressos, que lhe feriam a vista, por outros, de imaculada brancura.

Gostava de abri-los ao acaso e passar os dedos, suavemente, na superfície virgem. Nenhuma teoria falsa, nenhum erro habitava aquelas páginas. As letras, refletiu ele, são mera representação visual de enigmas carentes de interpretação.

Sua biblioteca se foi reduzindo, porque a imperfeição do papel era de certo modo um erro. Às vezes era uma simples dobra ou sinal de unha deixado por alguém. O volume era condenado, e, de redução em redução, a biblioteca se constituiu num só livro. Foi posto sob redoma.

O sábio o contemplava em êxtase. Dormia feliz, certo daquela sabedoria.

O calor partiu o cristal da redoma, e, ao retirar o livro em meio aos estilhaços, ele cortou a mão, que sangrou sobre o volume, conspurcando a perfeição.

Nunca mais foi feliz.

* * *

A denúncia socrática da impossibilidade de reprodução, recuperação ou resgate da vida vivida – prometida pela escrita – ganha também nas linhas poéticas de Mário Quintana um sabor único. Uma reverência ao *sobrevivente*.

Estranho animal o escriba. Não lhe basta ver, sentir... mas lhe é preciso escrever isso tudo e outras coisas para só então mais intensamente viver. Daí seu ar de sobrevivente. De quem ao mesmo tempo está e não está aqui. E, ao encontrar-te, ele sempre te estende a mão como em despedida, já com saudade de agora.

* * *

O que Sócrates está dizendo me fez lembrar da professora Olgária. Estupenda docente e pensadora de ponta. Fui seu aluno no curso de Filosofia da FFLCH-USP. Essa sigla quer dizer Faculdade de Filosofia, Letras e Ciências Humanas da Universidade de São Paulo.

SÓCRATES

Na hora da prova, ela autorizava consulta. Apontamentos de aula. Livros, teses ou qualquer outro documento. E fazia questão de esclarecer que o objeto da avaliação não era a capacidade de busca, de encontrar naquele material consultado a resposta certa.

Tampouco de reproduzir – com as mesmas ou com outras palavras – o que ela mesma ou outro autor havia dito ou publicado.

O que ela esperava encontrar na prova era um discurso inédito, cujas frases e parágrafos fossem genuinamente elaboradas pelo aluno, naquela sala de aula e durante o tempo de prova.

O material de consulta serviria como referência. Que nos ajudasse a lembrar do que disseram os grandes pensadores. De como argumentaram seus comentadores. Mas que a ele não nos limitássemos. De jeito nenhum.

Que tivéssemos a ousadia de arriscar. Circunscrever o problema. Definir, com clareza, os limites do objeto investigado. Destacar argumentos. Comentá-los com pertinência. Denunciar as eventuais dificuldades para formar alguma convicção. E de apresentá-la, se tivéssemos chegado a alguma.

Aqui entre nós, o que a professora Olgária – e talvez Sócrates – queria dizer é que os textos de que dispúnhamos eram como ovos. Talvez magníficos ovos. Mas que, para ela, não tinham nenhum valor naquele cenário de prova.

Que a avaliação seria sobre o que faríamos com os ovos naqueles instantes de criação culinária. No calor daquele momento específico da vida. Infinitas iniciativas são cogitáveis.

Por exemplo: quebrá-los simplesmente. E servi-los crus. Deixando fragmentos de casca grudados na clara. Fritá-los, deixando a gema mole. Cozê-los por 3, 4, 5 minutos, com resultados muito diferentes. Prepará-los mexidos. Ou como omelete. Mal ou bem passado. Acrescentando ingredientes. Que nos remetem a universo ilimitado de possibilidades. Dos mais previsíveis aos mais inusitados.

Sabemos bem que os ovos sempre foram a matéria-prima daquela produção culinária. Que sem eles ela não teria sido possível. Mas que aquela atividade valeu pelo que veio depois. Com base neles. Na sequência. Na vida vivida.

O mesmo esperava a professora Olgária dos seus alunos. E Sócrates, de seus interlocutores.

* * *

Na continuação do diálogo com Fedro, Sócrates retoma o tema da escrita. E o faz de forma mais incisiva. Mais crítica, no sentido trivial do termo.

O filósofo compara a escrita à pintura. E por esta não parecia ter grande apreço.

Ouçamo-lo em seus próprios termos:

"O que há de mais terrível na escrita, Fedro, é que ela tenha tanta semelhança com a pintura. Os seres por ela criados parecem ter vida, mas, quando lhes fazemos alguma pergunta, cheios de dignidade, eles se calam".

Para Sócrates, o mesmo acontece com a escrita.

O pensamento parece dar-lhe alguma vida. Animá-la. Conferir--lhe alma. Mas, quando endereçamos a um texto uma pergunta, para esclarecer algum ponto das ideias apresentadas, é sempre a mesma coisa que eles respondem. Sem jamais ir além.

Pintores e escritores congelam, em suas obras, um instante de manifestação de suas almas. O pintor, a cena imaginada com as tintas e a tela. O escritor, o pensamento com a escrita. Retiram--nas da vida, do movimento, do fluxo, da transformação.

Tolhem delas as almas, a chance de – no instante seguinte daquela produção – alterá-las parcial ou totalmente, ao sabor do inédito da vida vivida. De um corpo e espírito sempre renovados, na busca renhida e dinâmica da manifestação mais próxima da verdade.

* * *

Moça com brinco de pérola é a obra icônica de Johannes Vermmer. Pouco se sabe sobre a vida do pintor holandês, e absolutamente nada se encontrou a respeito da moça loira de seu retrato, um óleo de 1665.

Os rostos que conhecemos são a síntese de vários flagrantes sucessivos e superpostos, perfis e ângulos não raro divergentes, mas que a vida elabora num todo compatível.

Entre gloriosa e discreta, satisfazendo as obrigações mínimas de indumentária, essa moça, cristalizada para sempre, convoca-nos a digressões de ordem estética, não isentas de sensualidade, mas atingindo, em ondas mais espraiadas, o próprio mistério das coisas.

CAPÍTULO 11

Letras indefesas precisam de um pai

Na conversa com Fedro, Sócrates apresenta um terceiro argumento a respeito da escrita.

Recapitulemos os dois primeiros. Para você não se perder.

A primeira coisa que ele disse é que a escrita serve exatamente para isso que estamos fazendo neste parágrafo. Lembrar. E relembrar. Afinal, já vai longe o capítulo anterior.

Em seguida, ele a comparou à pintura. Para quem não adianta perguntar nada. Permanecem ambas impávidas. E nunca respondem nada além do que já disseram.

Passemos, então, à terceira ponderação do filósofo sobre a escrita. Sempre na famosa conversa com seu amigo Fedro.

O argumento é de rara beleza.

* * *

Sócrates observa que, quando o discurso escrito cai no mundo, pode ser lido por qualquer um. Por aqueles poucos a quem de fato se destina, claro. Mas também por muitos outros, receptores inadequados. Cujos repertórios e interesses nada têm a ver com o teor da mensagem.

Um texto, desacompanhado de seu autor, não sabe procurar os leitores que poderão entendê-lo e apreciá-lo. Tampouco antecipar todas as críticas. Um autor que escrevesse só para agradar não deitaria tinta sobre papel. Tampouco dedos sobre teclado. Já que seus possíveis leitores não compartilham plenamente pontos de vista. Nem expectativas.

Para haver autenticidade, talvez fosse preciso escrever só para si mesmo. Ou nem isso. Quantos eus já vivi pra lá de castradores. E, depois, nada mais chato do que revisar as bobagens que brotaram na alma de ontem, levando consigo cadáveres de neurônios.

Melhor escrever para ninguém. Isso mesmo. Para ninguém. Só assim mesmo, para não ter que fazer pose.

Retomemos Sócrates. A hipótese mais provável é escrever e ser lido. Talvez, para isso mesmo. Neste caso, ser-lhe-ão endereçadas vozes discordantes. Até mesmo maliciosas. E ele, por si, não poderá se explicar. Será injustamente desdenhado. Rejeitado. Sem direito a defesa.

Por isso todo texto deveria contar, ante cada leitor, com a assistência do seu pai. Só ele pode protegê-lo e defendê-lo de ataques depreciativos.

Eu acrescentaria, poluindo a beleza da ponderação socrática, que muitos dos comentários negativos a um texto resultam de uma intenção outra, pouco ou nada pertinente ao seu conteúdo ou forma: a de agredir seu autor.

Assim, respeitando a analogia da paternidade proposta pelo filósofo, o texto – filho indefeso – paga, com a pecha da infâmia, pelas rusgas e estranhamentos protagonizados pelo pai, que lhe trouxe a lume.

* * *

Na literatura mais nobre, não faltam exemplos.

Edgar Allan Poe, aquele mesmo, cujas histórias de corvo e cavaleiros sem cabeça povoaram nossos quartos da infância de terror insolvável, tinha lá seus inimigos. Da vida errática, marcada por altos e baixos financeiros, ao casamento com uma sobrinha que rendeu comentários em toda a América oitocentista, saltam grandes disputas editoriais.

Em sua biografia póstuma, redigida por um opositor que o classificara como bêbado e infame, a figura de escritor maldito, vulgar e menor estaria consolidada. Por muito tempo sua literatura foi esquecida. E reabilitada apenas no fim do século XIX, por Charles Baudelaire, que, por acaso, encontrou seus textos na França e os traduziu.

Para não dizer da porfiada busca pelo reconhecimento a que se aplicou Stendhal – sempre frustrado em tudo a que aspirou. Passou quase obscuro pela vida, enganado ou repelido pelas mulheres, incompreendido pelos amigos, menosprezado pelos governos.

Mentiu, contou vantagens e anedotas, e assim foi sempre, ocultando-se, assumindo a vulgaridade quase por desespero. Esses traços sugerem a fragilidade do homem e a força do escritor, pois, enquanto Beyle se comprometeu várias vezes na inépcia de uma vida malconduzida, Stendhal recuperou, a cada passo, a integridade com papel e tinta.

De nada adiantou. Teve sua obra subestimada em vida, ridicularizada por seus contemporâneos. Embora jamais tenha havido quem escrevesse com tamanha retidão e amor ao verdadeiro.

* * *

Essa prevenção de Sócrates com o registro escrito do pensamento me remete a três experiências do ofício docente.

A primeira, ao fim de uma aula justamente sobre *O vermelho e o negro*, maior sucesso editorial de Stendhal. O que eu dissera tinha logrado alguma atenção. Também pudera. Os amores de Julien Sorel iluminam o mais entediante dos oradores.

Mas precisava de uma saída forte. Uma frase de impacto, como dizem os instrutores de palestrantes. Dei um jeito de formular uma que fechasse o discurso em alta. Meio com cara de otimista, meio com cara de poético.

A aula terminou com alguns aplausos amarelos em mãos de alface. Ainda assim, a primeira pergunta solicitava a repetição da tal frase. Tentei em vão recuperar as palavras, tal como as havia enunciado segundos atrás.

Muito embora a ideia central estivesse clara no meu espírito, o discurso de segunda mão foi bem diferente do primeiro. Menos alinhado e eloquente.

Ante a decepção do aluno, ofereci consolo. Assegurei-lhe que era assim mesmo. Que a vida, sempre improvisada, refutava repetição. Que o ineditismo de seus instantes constrangia a ininterrupta originalidade. Que toda igualdade ou cópia era pura ilusão. Ou desvio perceptivo.

Entusiasmado, assegurei também que essa impossibilidade, longe de denunciar empobrecimento, conferia ao imediatamente vivido toda a sua cor, brilho e valor.

E não acabei por aí. Agora tinha pegado impulso.

Se os instantes existenciais pudessem ser simplesmente repetidos, dando marcha a ré no fluxo da vida, bastaria ir consertando todas as burradas já vividas, com base nas informações subsequentes, que no instante do erro só podiam ser ignoradas.

* * *

A segunda experiência me remete ao frequente pedido dos alunos para gravar as aulas, deixando sobre minha mesa seus celulares.

A justificativa era quase sempre a mesma: uma garantia. Para o caso de perda de alguma coisa importante, num hiato de atenção. Poderiam ouvir novamente os meus dizeres em casa, aperfeiçoar as anotações. O que facilitaria a preparação para as provas.

Nunca lhes proibi a gravação. Alguns até registravam em vídeo.

Mas sempre tive comigo que o que estava por trás da solicitação era exatamente o contrário do que propunham.

Na minha concepção, o gravador se convertia num autêntico relaxante.

– Relaxa que eu estou gravando, dizia o sedutor à jovem que cobrava atenção na aula.

Assegurados pelo registro que lhes facultaria ouvir novamente, autorizavam-se a acompanhar a aula sem o devido foco. O gravador, longe de assegurar maior excelência de aprendizado, ensejava uma experiência fragilizada e apequenada daquela aula.

* * *

A terceira experiência foi em viagem com alunos. Visitas a sítios históricos. Tão logo, em presença dos monumentos mais esperados, as câmeras fotográficas e filmadoras, empunhadas por mãos sôfregas pela captura, garantiriam a reprodução ao infinito daquela experiência vivida.

Assim, no lugar de flagrar o mundo visitado, na imediatidade da percepção visual, esgotando em intensidade máxima a experiência vivida, pretendiam – com seus aparelhos – estendê-la no tempo e no espaço.

Compartilhando *on-line* aqueles encontros, ou revivendo-os em outros momentos.

Tal como no caso anterior, a captura das imagens não passava de fuga. Fuga da vida no mundo, do instante imediato, do presente vivido, da contundência das coisas na percepção dos fenômenos.

Em vez de potencializar a experiência pela sua multiplicação, os registros a esvaziavam pela sua divisão.

Não só aquelas do mundo ali visitado. Mas também as outras. Em outros tempos e espaços. Para vítimas constrangidas a uma vida de segunda mão. Vivida por outro e fora dali. Onde cada flagrante se converte numa imagem entre zilhões de outras. Num magma icônico enjoativo e regurgitante.

CAPÍTULO 12

Olhos cinza da lata de lixo

Nos dias de hoje, a forma mais sistematizada e socialmente autorizada de estudar filosofia é em curso superior de graduação, de quatro ou cinco anos, oferecido pelas universidades.

Espera-se, ao longo desse período, que o aluno tenha ganhado alguma familiaridade com as principais escolas de pensamento, paradigmas e conceitos mais fundamentais e pensadores relevantes.

Que tenha identificado as grandes questões examinadas pela filosofia ao longo dos tempos e que tenha aprendido a pensar, digamos, filosoficamente sobre temas do seu próprio tempo.

Sua continuidade costuma exigir do aluno, após o cumprimento de alguns créditos, a redação de uma dissertação de mestrado ou tese de doutorado.

O mesmo acontece com outros saberes, considerados científicos, da área de humanas. Como história, sociologia, antropologia, sociologia, psicologia, ciência política, etc.

* * *

Nesses cursos de filosofia, os conteúdos das disciplinas remetem o aluno a pensamentos já propostos e registrados pelos grandes pensadores em diferentes tempos.

Filosofia antiga, medieval, moderna e contemporânea. Pelas estrelas de cada período. Além dessa classificação cronológica, há também uma divisão substantiva possível: lógica, ética, estética, conhecimento, epistemologia, etc.

Os professores, em grande medida, comentam, explicam, falam a respeito da produção desses filósofos. Sugerem a leitura deles e de seus comentadores. Por vezes, fazem comparações, usam uns como referência para outros e dão ênfase às grandes rupturas.

As avaliações dos alunos costumam se reportar ao que foi dito em aula, bem como ao que foi lido nas extensas bibliografias de cada curso. As questões requerem do avaliado alguma inferência que pode ir além do que fora dito ou lido ao longo das aulas.

Alguns docentes propõem a realização de trabalhos escritos ou de seminários que podem sugerir aproximações, comparações ou contrastes entre distintas ideias, formas de pensar e conceitos dos pensadores estudados.

De maneira que, no final do curso, é possível ter um conhecimento razoável das principais ideias que marcaram a história do pensamento ocidental e certa capacidade para lidar com elas e para interpretar o mundo em que vivemos.

A introdução acima sobre a formação filosófica nos dias de hoje certamente incorre em simplificações e reduções abusivas e lamentáveis. Sobretudo aos olhos daqueles que a ela se submeteram. No entanto, pareceu-me importante para que todos os demais leitores possam ter uma pálida noção do que acontece.

* * *

A partir daqui o capítulo nos aproxima do escopo maior deste livro. Porque Sócrates propunha um método de ensino do pensar muito distinto da formação apresentada acima. E esse método se alinha com clareza a seus valores.

Ensinar a pensar melhor para viver melhor e integrar de forma mais adequada a pólis.

– Por que era tão diferente o jeito socrático de ensinar e aprender em relação aos nossos cursos?

Em primeiro lugar, porque ele mesmo terá sido o primeiro grande pensador do mundo ocidental. Todos os outros, estudados na universidade, lhe foram posteriores, com a exceção, claro, de alguns ditos pré-socráticos. Isso bastaria para que o seu ensino não pudesse coincidir com o atual.

Em segundo lugar, seu método pedagógico exigia interação ininterrupta. O eventual sucesso do programa dependia disso. De um esforço top e permanente. Concentração máxima. Intensidade de pensamento. Busca incansável da melhor resposta. O tempo todo.

Se na universidade nada impede que, durante a aula, por largos períodos, o espírito do aluno vagueie por planícies e pradarias sem fim, completamente alheio ao que está sendo ensinado, o mesmo não poderia ocorrer durante o ensinamento socrático.

Enquanto o interlocutor não respondesse, a aula não prosseguia.

E mais do que isso.

Como em todo diálogo, a aula prossegue de acordo com a resposta do aluno.

De tal maneira que o projeto pedagógico era fundado num programa cujo conteúdo dependia em grande medida de como o aluno articulava as ideias para responder às perguntas do mestre.

E este, por sua vez, ia organizando a sua aula conforme as respostas que obtinha do aluno. Não sendo possível, portanto, um planejamento ou uma definição prévia e completa do conteúdo programático a ensinar.

* * *

Peço sua licença, querido leitor e leitora. Para que veja quanto tudo isso não só tem a ver com a vida, mas se confunde com ela.

Ao menos com a minha. Enquanto respondia à sua pergunta, precipitei-me numa memória amarga... Ah!

Quando voltei ao colégio para fazer o segundo ginasial, voltei sem lágrimas. E não era pela longa convalescença da enfermidade da vez. É que a paciência da melancolia faz o homem duro.

O prédio fica ainda no alto de um morro. Coberto de outros prédios. A elevação íngreme de um tal Rocha Azevedo, que um dia foi ministro, só se sente nos tendões de quem sobe. E nos joelhos de quem desce. O resto é cimento. Lugar áspero, bom para soldados.

Para nós, pobres almas indecisas, a solidão do colégio apenas vinha revelar precocemente tudo que é em nós desapontamento contra a vida.

Era com ressentimento que respondíamos às perguntas dos professores, como que expiando crimes futuros. Disciplinados com dureza, devíamos pedir perdão por pecados que jamais cometemos.

Lembro-me de um. Que nos mandava para o chiqueirinho. Ordem obedecida no canto da sala. Em cima do tablado. Sob o olhar – ora cruel, ora constrangido – dos colegas. Sem tirar os olhos cinza da lata de lixo.

Lembro-me de tudo: e reconheço guardar a bondade de alguns outros professores. A vaidade e o ridículo de terceiros. Mas nunca serei grato por nenhuma pedagogia de opressão. Mas sempre à sua denúncia.

E, para ser sincero, vou me sentindo cada vez mais claramente preso àquele tempo.

Mais do que uma lembrança, há em mim um sentimento de colégio. De que as férias vão terminar e eu vou voltar ao infindável.

E nunca precisou ser assim. Não naquele tempo, ao menos.

* * *

Pelo método de Sócrates, o que se pretendia em primeiro lugar era a identificação das inconsistências daquele estágio de produção de pensamento. Uma constatação da fragilidade que naquele instante era a do aluno quando cobrado a pensar e produzir discursos a respeito das perguntas feitas.

Tratava-se, portanto, de aprender a criticar aquele *statu quo* pensante.

A constatação dessa fragilidade seria o primeiro e decisivo passo para que surgisse uma nova disposição para articular ideias de forma diferente. Com base em outras premissas que permitissem chegar a novas e sempre provisórias assertivas. Ou não.

As inconsistências do interlocutor ao responder às perguntas de Sócrates não eram tomadas por ele, mestre, como estritamente individuais, mas indicativas de uma fragilidade coletiva. Resultante de um senso comum empobrecido.

Numa pólis adoecida na alma e escorada na falsidade.

* * *

Ensinar filosofia, ou até mesmo filosofar, na universidade implica sempre alguma distinção.

A identificação daqueles que podem frequentá-la acaba definindo os que estariam socialmente autorizados a essa formação. A aprender a pensar filosoficamente.

As razões pelas quais alguém não tem acesso à universidade variam muito de sociedade para sociedade.

O fato de serem públicas ou privadas, pagas ou não pagas, terem ou não um exame de seleção de entrada, as condições sociais necessárias para preparação, precisar ou não trabalhar durante o estudo, e tantas outras condições sociais de inclusão acabam indicando a fronteira dos que podem e dos que não podem desfrutar da referida formação.

O espaço das aulas, das bibliotecas, denuncia certa ruptura perante o cotidiano, o dia a dia, o ir e vir da cidade. Como se houvesse espaços autorizados de pensamento legítimo. Como se a filosofia exigisse certo recuo ou distância em relação ao que sucede na rua, nas relações entre as pessoas e em suas atividades mais triviais.

* * *

Muito diferente era o cenário da formação socrática de pensar. O interlocutor era qualquer um. Ser abordado por Sócrates dependia mais do aleatório de encontrá-lo disponível para tal do que de qualquer outro vínculo institucional. E o ensinamento ou a aula se dava ali mesmo, no meio da rua, no mesmo cenário vivido dia a dia, no calor mesmo do cotidiano. Em meio a tudo que compõe o seu mundo mais trivial.

Essa falta de recuo, de distância, diante do mundo ordinariamente encontrado conferia ao seu ensinamento uma real dimensão democrática. Fazia crer tratar-se de uma competência de qualquer cidadão. Alcançável a qualquer tempo e lugar.

Quando, nos dias que correm, profissionais da filosofia saem da universidade para se apresentar nas empresas, nas organizações, nos tribunais, ou em quaisquer outros espaços para os quais sejam convidados, fazem-no profissionalmente e, quase sempre, em forma de palestras, cujo conteúdo nada depende de interação.

Conteúdos decorados, repetidos e organizados com vistas à sedução, ao entretenimento, à inspiração, muito mais do que ao ensino de uma outra forma de pensar.

* * *

Sócrates, em seus diálogos, denunciava a relação privilegiada entre a forma de pensar o mundo e a saúde da alma. A que hoje chamaríamos de mental e psíquica.

Dessa forma, nossos estados emocionais estariam imbricados nas nossas crenças, em convicções e nas obviedades que sempre nos serviram de apoio.

Assim, pautar a própria vida e escolher os próprios caminhos pelo olhar do outro, pela opinião que o outro possa ter sobre nós, pode se traduzir em um tipo particular de ansiedade que resulta da incerteza relativa sobre esse olhar.

Por isso, novas trilhas de pensamento e reflexão recuada sobre as antigas convicções podem ser determinantes para a saúde psíquica.

Sócrates, ao denunciar as evidências aparentes e a inconsistência do senso comum, parece outorgar a seus ocasionais interlocutores – mas sobretudo à cidade como um todo – imensa responsabilidade. Pelo destino colorido sombrio a que a ignorância arrogante costuma conduzir.

A vida de Sócrates parece apontar para a responsabilidade que é a nossa, de cada um de nós. De tomar conta da própria alma, de preocupar-se com ela, de colocá-la em movimento, em exercício, de forma adequada.

E, assim, o bom pensar, que a sua filosofia nos autoriza, também nos oferece um tratamento de alma.

Não há que esperar que alguém realize essa tarefa por nós.

Nesse sentido, a filosofia de Sócrates pode ser entendida como uma forma particular de medicina, na qual o paciente – em autoexame ou em autoanálise – se vê autorizado a ministrar-se uma medicação.

CAPÍTULO 13

Júlia e seu gato Pike (lê-se Paike)

A vida boa exige virtude. É virtuosa, portanto. E viver bem é viver virtuosamente.

Aqui a conversa sobre o valor da vida alcança seu cerne. O capítulo imperdível, portanto. Ao menos para esta coleção, que estamos escrevendo juntos.

* * *

O que é virtude?

Antes de mais nada, energia, força, disposição. Que tem a ver com empenho. Com sangue no olho e faca nos dentes. Entrar com os dois pés. Pra rachar mesmo! É o contrário da moleza, da falta de tônus ou de tesão, de posicionar-se sem postura, de já chegar arqueado.

Mas não é só isso. Não basta estar pilhado o tempo todo para ser um homem virtuoso.

Virtude também é saber. Conhecer o terreno de jogo. As coisas do mundo, da cidade e do homem. Conhecer também a si mesmo. O mais profundamente possível.

Ter uma ideia clara dos próprios recursos. Para quais atividades eles podem ser decisivos. Que nível de desempenho eles autorizam alcançar. Os limites do alcance da própria ação.

E, a partir daí, o diagnóstico do movimento mais adequado, perante o mundo que se apresenta.

Finalmente, virtude é competência para executar. Realizar no mundo com destreza. Transformando-o, tal como pretendido.

A vida virtuosa corresponde a uma atualização habitual e adequada das melhores possibilidades.

*   *   *

Assim, Cesar Cielo em Pequim, segundos antes dos 50 metros livres, na final dos jogos olímpicos. Todas as células mobilizadas para o movimento. Potência máxima. Consciência total do cenário, metro a metro, azulejo a azulejo. Da competência dos adversários. Da estratégia de cada um deles.

E finalmente uma capacidade para executar o movimento, braçada a braçada, pernada a pernada. O salto que dá origem à prova, as braçadas finais sem respirar. Cesar Cielo é virtude em menos de 20 segundos. Naqueles 50 metros, na sua raia da piscina.

Como foi Ricardo Prado, em 400 metros, quatro estilos, no seu tempo.

Haverá também a virtude do maestro. Potência máxima na sensação das escalas. Conhecimento musical humanizado. Instante a instante, nota a nota. Execução perfeita na dança da batuta. João Carlos Martins, virtude em bachianas. Perfeição nos limites da vida e da natureza.

O professor também pode ser virtuoso. Viver virtuosamente. Trabalhar regido pela virtude. Um virtuoso da docência. Êxtase na articulação das ideias, na produção dos discursos, na busca da solução didática mais perfeita. Conhecimento profundo do que ensina e capacidade magistral de execução. Seduzindo, alegrando e ensinando. Tudo ao mesmo tempo.

* * *

Para além do nadador virtuoso, do maestro virtuoso e do professor virtuoso, há que pensar no homem virtuoso. Uma coisa é listar os predicados de um nadador bom. De um maestro bom. De um professor bom. Outra é tentar entender o que, na vida de um homem qualquer, corresponderia a um homem bom.

Afinal, nada garante que um nadador, um maestro ou um professor virtuosos como tais sejam homens virtuosos. Um cara virtuoso como vivente humano, como mulher e homem. Em que consistirá?

Se, nos tempos de Sócrates, não faria sentido incluir a mulher nesse exame, hoje, claro, tratamos indistintamente as condições de um homem ou de uma mulher virtuosos.

Um humano virtuoso não é qualquer um. Uma vida virtuosa, tampouco. Parece óbvio, mas merece ser dito. Muitos de nós, portanto, vivemos a vida inteira sem resvalar em virtude alguma. Trata-se de uma conquista. A mais importante. A de maior valor.

Para alcançá-la é preciso, antes de mais nada, assumir as rédeas da vida. Bem diferente de deixar simplesmente que a vida leve. De entregar nas mãos do acaso, do imponderável, do que vai acontecendo na condução dos próximos passos.

Da mesma forma, nos exemplos anteriores, já não era possível tornar-se um Cesar Cielo refrescando-se na piscina e dando braçadas ao acaso; um João Carlos Martins brincando com a batuta ou tocando *O Bife* com dois dedos no piano; tampouco dar aulas como Heródoto Barbeiro, na imitação galhofeira do aluno peralta, no intervalo da sala sem mestre.

* * *

Para Sócrates, ninguém vive bem sem ser do ramo. Ninguém é virtuoso da vida sem conhecê-la muito, saber tudo sobre ela.

Pensar e refletir sobre a existência o tempo todo. Com a profundidade de um campeão olímpico, de um maestro da maior sinfônica ou de um docente da mais prestigiosa universidade.

O virtuoso da vida, que sabe sobre ela o que é preciso saber, bom conhecedor do que é uma vida boa, este segundo Sócrates, você pode apostar, não viverá mal; não agirá mal; não fará o mal.

Retomemos exemplos de virtudes mais específicas. Ou a falta delas. Sempre nos auxiliam a compreensão. Um chefe de cozinha e um jogador de golfe. Bem, eu não sei jogar golfe; tampouco preparar um suflê. Se for forçado a essas atividades, será catastrófico. E, esse fracasso não é episódico, infelicidade rara, instante de falta de sorte.

É ruindade mesmo. Ruim de forno e fogão. Pior ainda com o taco na mão.

Da mesma forma, aquele ou aquela que sabe sobre a vida, que é do ramo na hora de viver, certamente agirá bem ou tenderá a fazê-lo, quase sempre. Esta é a mais firme convicção de Sócrates. Conhecida como intelectualismo moral.

Sabemos bem o que é preciso para ser um campeão de natação, um grande maestro, um excepcional arquiteto ou um espetacular administrador. Mas o que será necessário para ser um bom vivente? Se o campeão de natação chega à frente dos demais e vai para o primeiro lugar do pódio, como identificaríamos o campeão da vida?

Não há nada mais belo e legítimo, sentenciou Montaigne, "do que fazer bem o homem, e devidamente".

O que não acontece por si só. Porque a humanidade não é uma espécie de um gênero qualquer. Trata-se de uma conquista de cada passo. Por isso, a única preocupação que importa, a única façanha que conta, a única urgência que não aceita transigir é aquela de ser propriamente humano. Sem terceirização possível. Porque ninguém poderá sê-lo no lugar.

* * *

Eis o ponto mais relevante do trabalho de Sócrates. Ajudar seus concidadãos a conhecer melhor tudo o que costumam vincular à vida boa.

A beleza, por exemplo.

E foi aí que as amigas disseram, em cochicho fofocado:

– Júlia não tem do que reclamar. Afinal de contas, casou com aquele que todas cobiçavam. O Pike (lê-se Paike)! Quem poderia esquecer?! Quando ele aparecia só de sunga na piscina, na casa do Arlindo, seu primo, todas suspiravam. Pois foi Júlia que o levou ao altar.

Sócrates, ouvindo a conversa de longe, pergunta:

– Esse Pike era bonito mesmo?

– Nossa! Você não tem ideia!

– Como podem ter tanta certeza?

E elas então respondem:

– Não havia quem o achasse feio. Todas sonhavam com ele. Não conseguiam tirar os olhos. Só as mais lindas ousavam cortejá-lo.

Sócrates então arma o bote. Sua presa não são as moças. Pelo contrário. Ele está ali para ajudá-las. E como! Seu inimigo é a certeza frouxa e bem acomodada num espírito que nunca lhe põe em xeque.

– Se todas achavam Pike um gato, é porque ele é mesmo muito belo!

– Só uma cega não se deixaria atrair!

As moças não mordem a isca. Interagem numa nuvem de obviedade opaca. E, como sempre viveram ali dentro, não vislumbram a possibilidade de ver melhor.

Sócrates, então, salta sobre seu inimigo.

* * *

– É belo aquilo que todos acham belo?

A pergunta é suficiente para despertar um fiapo de dúvida na mente entorpecida das jovens. Elas se entreolham coradas, sorrindo amarelo.

Sócrates agora acomoda melhor a presa para desmoralizá-la em definitivo.

– Basta que todos achem uma coisa para que essa coisa seja verdadeira?

As moças estrebucham, já sem forças.

Sócrates, então, decide relaxar um pouco a pegada.

– Aquele que vai ali é belo?

Aliviadas – pela redução inesperada do grau de abstração da conversa –, elas respondem em coro:

– Claro que é. Não está vendo? É lindo!

Sócrates segue na mesma pegada.

– O que vocês acham de um cavalo puro-sangue, solto num campo? Veem nele alguma beleza?

– Claro que sim! O couro brilhando, a musculatura rija, a crina ao vento. Um cavalo pode ser lindíssimo. Respondeu a mais rural das moçoilas.

Animado por ter acertado melhor a pegada, Sócrates continua o questionário:

– O que acham da vista da Baía de Guanabara do Cristo Redentor?

E aí, já completamente restabelecidas e à vontade, todas elas dizem:

– Ah! Paisagem mais linda não há. O Rio de Janeiro é incomparável.

Sócrates sente que é hora de voltar a fechar o cerco:

– Quer dizer que há beleza no Pike, naquele que vai ali, no cavalo selvagem e na Baía de Guanabara?

– Sem dúvida, respondem elas. São todos maravilhosos.

– Sendo todos belos, devem ter algo em comum, vocês não acham? Tipo, algo como a beleza????

– É verdade, Sócrates. A beleza é o que tudo isso tem em comum.

– Mas o que exatamente, sendo comum a todos, é belo?

As moças se entreolham sem conseguir encontrar nada de comum, entre a paisagem, o animal e os dois belos homens.

* * *

Sócrates então conclui, para irritação das moças, que ele também não sabe responder o que há em comum no Pike, no transeunte, no cavalo e na paisagem.

– Como assim não sabe? Não é você o sábio?

Isso é o que dizem. O que eu sei é que não tenho a menor ideia. Isso eu consigo saber. Como não sei o que é a beleza, não conseguiria cravar com tanta certeza, como vocês fizeram, a respeito daqueles quatro.

Sócrates sorri, com o globo ocular saltado, a fisionomia monstruosa, o corpo rechonchudo e fedorento.

Despede-se, elogiando as moças, agradecendo as informações e assegurando-se de que, graças a elas, ele se tornara muito mais esclarecido.

Como se não bastasse esfregar na cara de todas, tal qual um espelho, suas falsas certezas cheias de empáfia, ainda sugere que, por causa da conversa, houvera aprendido algo. Que vivera, um tiquinho que fosse, em busca de virtude.

Esse era Sócrates, meio medonho, meio tirador de sarro.

E virtuoso. Por demais.

CAPÍTULO 14

Sem dó nem piedade!

Nas suas conversas, Sócrates aborda situações que dizem respeito à vida vivida de cada um dos seus interlocutores. Suas preocupações dão conta do que efetivamente acontece com os homens no mundo.

Essas questões podem parecer banais, enquanto se limitam ao relato de uma ocorrência. Mas acabam se convertendo em autênticos becos sem saída. Aporias, diriam os gregos. Exigindo digressões de alta complexidade.

Há aqui uma indicação preciosa. Se viver melhor requer pensar melhor, e pensar melhor não parece fácil, a vida boa não está ao alcance de qualquer um. Requer tenacidade no uso da cachola. Não desistir tão fácil.

Resiliência, dizem os arautos das corporações.

* * *

Um exemplo curioso desse tipo de sinuca é conhecido por "dilema de Eutífron".

Algumas traduções acentuam com circunflexo o E desse nome próprio. Indicando a sílaba tônica. Palavra proparoxítona, portanto. Como Sócrates, Aristóteles, Leônidas. Se o leitor fizer questão de passar por erudito, poderá respirar fundo e apostar tudo no Eu. O Tífron vai com o ar que sobrar.

É título de um diálogo. Seu autor é Platão. Por isso sabemos do ocorrido. A conversa com Sócrates teria acontecido nas imediações do tribunal. Eutífron para lá se dirigia. É ele que interpela o filósofo.

– E aí, Sócrates, alguma novidade? Você por aqui? (Essa pergunta faz lembrar o personagem Saraiva e o grande Francisco Milani.)

Eutífron queria dizer nas imediações do tribunal.

– Não deve ser por causa de alguma lide, como no meu caso? (Pretensões contraditórias cujos titulares clamam por jurisdição.)

Sócrates comenta que contra ele foi apresentada uma queixa. De corromper os jovens. Por alguém que não conhece bem. Um tal Meleto. Este o acusa de fabricar deuses. Inventar novos e não crer nos antigos.

Eutífron observa que Sócrates fala sempre num tal de *daimon* – uma voz interior que dona Geni, minha vó, chamava de "voz da consciência". Alguma confusão de nomenclatura pode bem ter servido de pretexto para aquela calúnia.

Na sua análise, esse tipo de acusação – mesmo que falsa – é sempre bem recebida pela multidão.

Em outras palavras, a galera gosta de uma fofoca. Sobretudo quando alguém conhecido se dá mal.

O leitor concordará a respeito da atualidade desse papo entre o filósofo e seu amigo.

Eutífron comenta – talvez tentando suavizar o mal-estar de Sócrates – que ele também é vítima de chacota quando fala sobre deuses e faz previsões na assembleia.

– Ainda que todas tenham se verificado.

Sócrates responde, também analisando as tendências de opinião na sua cidade. Os atenienses não se preocupam com alguém que considerem hábil. E esse seria o caso de Eutífron. Desde que não pretenda ensinar-lhes alguma sabedoria.

Para o filósofo, a verdadeira razão da queixa que sobre ele recaía não eram os deuses, tampouco a corrupção dos jovens. E sim a busca incansável da verdade, por intermédio de seu método dialogado.

Nesse momento do diálogo, Sócrates finalmente indaga Eutífron a respeito do que ele estava fazendo ali, no tribunal.

A resposta é surpreendente. E dá início ao diálogo, como produção filosófica. É ela que introduz o tema sobre o qual refletirão.

* * *

Eutífron afirma ser autor. E que, embora pareça loucura, está processando o próprio pai.

E por quê? Pergunta Sócrates, aparentemente interessado.

Ora. Ele amarrou os pés e as mãos de um empregado dele e o jogou numa vala, de forma a matá-lo de fome, de sede e de frio.

Sócrates então, sempre com ironia, enaltece o interlocutor. Observa que a maioria dos homens ignora onde possa estar o bem. E que – se de forma tão resoluta – levava o pai aos tribunais, é porque teria dado grandes passos no saber.

– Só alguém "muito avançado no caminho da sabedoria" intentaria "uma coisa dessas". Um autêntico especialista em religião e moralidade.

Sócrates então propõe, com a ironia escorrendo pelas beiradas, inscrever-se na escola de Eutífron. Não haveria coisa melhor a fazer do que se tornar seu discípulo.

A conversa será sobre a natureza da compaixão. Eis o problema filosófico que terão de enfrentar.

Como costuma acontecer, Sócrates busca um conceito. Neste caso, piedade, impiedade ou crueldade, compaixão. Sem alguma ideia clara do significado dessas palavras, seria insensato iniciativa tão extrema, como a de levar o próprio pai aos tribunais.

* * *

Na sua primeira manifestação, em resposta a Sócrates, Eutífron afirma que compaixão é exatamente aquilo que o leva a processar o próprio pai, a mãe ou outro qualquer.

– Piedade é o que eu agora faço.

Perceba, leitor, que Eutífron só escapou do simples relato – repetindo o ocorrido – porque incluiu outros que poderiam estar no lugar do pai.

– Nada permitindo ao ímpio, seja ele quem for.

Sócrates, então, como é esperado, pondera que aquele caso relatado pelo amigo não é um conceito. Não é, portanto, o que estão buscando.

Para acusar o pai de impiedade, de crueldade, seria preciso identificar em que a sua conduta coincide com qualquer outra conduta ímpia ou cruel.

O que equivale a saber o que é impiedade. Dispor do conceito.

* * *

Eutífron, então, é levado a uma segunda resposta.

Procura se afastar do episódico. Esquecer um pouco o caso do seu pai. Pensa em outras situações. Tenta identificar aspectos semelhantes. Isso tudo ali mesmo. No meio da rua. No improviso da vida pensada.

Encontra o que há de comum em diversas manifestações análogas. E arrisca que compaixão é o que agrada aos deuses.

Sócrates entende que houve progresso. Tinham abandonado o estritamente casual. O particular. E avançado um pouco no caminho da abstração.

O filósofo, no entanto, adverte seu amigo de que os deuses são muitos. E que gostam de coisas diferentes. Por vezes contraditórias. Incompatíveis. Assim, alguns apreciam certas ações que desagradam a outros.

Um exemplo. Só para o leitor entender melhor o que Sócrates quer dizer. A conduta ébria e festeira do sátiro Sileno – tanto aplaudida por Dioniso – seria certamente intolerável aos olhos de Apolo ou Atena.

– Então, por que se irritam os deuses, Eutífron? Por que estão em dissensão uns com os outros e entre si se odeiam uns aos outros?

Nesse caso, diz Sócrates, o que é compaixão para uns não seria necessariamente para outros. Deuses, evidentemente. E, dado que a piedade advém da compaixão, o que é ação piedosa para uns poderá ser impiedosa para outros.

Seguindo a afirmação de Eutífron – de que a compaixão é o que agrada aos deuses –, seríamos forçados a aceitar que a mesma ação seria piedosa e impiedosa ao mesmo tempo. Isto é, na mesma ação poderia haver e não haver compaixão.

O que é insustentável.

– O que tu agora fazes, ao punires o teu pai, não é de espantar, se fazendo isso és querido por Zeus, por um lado, ou te fazes inimigo de Cronos e Urano, por outro.

* * *

Eutífron propõe, então, uma terceira resposta.

Compaixão é o que encontramos nas ações humanas apreciadas por todos os deuses. E o contrário, claro, é o que é detestado por todos.

Nesse caso, Sócrates poderia ter perguntado: Mas há alguma coisa que é apreciada por todos ou detestada por todos? Mas Sócrates, nesse caso, devolveria Eutífron ao episódico, ao casual. O diálogo teria descido um degrau de abstração. Ao invés de subir.

O filósofo escolhe outra saída. Propõe ao amigo uma charada.

Finalmente. Chegamos ao famoso dilema de Eutífron. Preste bem atenção.

Começamos pela tese enunciada pelo próprio Eutífron.

Uma conduta é piedosa, e, portanto, há compaixão, só porque tal conduta é apreciada pelos deuses.

Nesse caso, os deuses viriam antes. Primeiro eles se encantam com a conduta humana e, desse encantamento, deduzimos a compaixão que lhe é inerente. Antes vem o apreço divino. E esse apreço confere a compaixão e a piedade.

Ou será o contrário?

Como assim, o contrário?

Por que uma conduta é piedosa e há compaixão – em si mesma – que aos deuses lhes encanta e lhes agrada?

* * *

Aqui está o resumo da charada: os deuses mandam fazer o que é bom, pela bondade do ato em si? Ou o ato torna-se bom, e é bom, porque, antes de tudo, agrada aos deuses?

Na primeira pergunta, os deuses mandam fazer o que é bom porque é bom. E seria bom mesmo sem eles. A bondade do ato, nesse caso, viria primeiro. Independe dos deuses. De lhes agradar ou não. Com eles ou sem eles. Os deuses seguiriam um padrão de bondade que lhes transcende. Que se-lhes imporia.

E a definição de Eutífron seria falsa.

Agora, se – como diz Eutífron – o que é bom é bom só porque agrada aos deuses e foi ordenado por eles, então, neste caso, a conduta humana como tal não seria nem piedosa nem impiedosa. Não haveria nela nenhuma compaixão, até que os deuses se manifestassem. Revelassem o seu apreço ou desapreço. O assunto em pauta ficaria à mercê de vontades divinas.

E Eutífron teria razão.

Bem, a julgar pelos relatos, ações terríveis seriam tomadas por piedosas e cheias de compaixão se tudo só dependesse do agrado ou do desagrado dos deuses.

* * *

Toda essa conversa sobre crueldade e piedade me levou a Eça de Queiroz. Em língua portuguesa, o número 1 dos escritores. Falo de prosa. Porque Fernando Pessoa e Drummond – embora sejam tudo – figuram entre os poetas, nas minhas pobres gavetas literárias.

Autor ligado ao realismo, movimento literário que se propunha a relatar a vida tal e qual, Eça também tinha uma escrita permeada do fantástico mais macabro.

Refiro-me aqui ao conto "A aia".

Uma aia, nascida na casa real, tinha a paixão e a religião de seus senhores. Mas vinha de uma raça que acreditava na continuação da vida.

Por isso, quando o rei, seu amo, morreu em batalha, ela já o imaginava reinando agora em outro reino, para além das nuvens, abundante também em searas e cidades. Não pranteou por ele.

Antes, consolou a rainha, que sofria magnificamente pela ameaça contra o seu filho, o príncipe.

Um grande temor enchia o palácio: era o bastardo. Homem cruel, que desceria a planície com sua horda para reivindicar o trono. A aia, no entanto, não temia pelo seu próprio filho. Este, na sua indigência, nada tinha a recear na vida. Nenhuma desgraça poderia torná-lo mais despido dos bens deste mundo do que já estava.

Ao principezinho, no entanto, apertava nos braços com ternura, pensava na sua fragilidade e nos anos lentos que correriam até que fosse do tamanho de uma espada.

Uma noite, viu precipitar em chamas os jardins do palácio. Na terra arcada, entre os jasmineiros, corriam passos pesados e rudes. Num relance, tudo compreendeu – o bastardo cruel viera para matar seu príncipe. Então, sem vacilação, arrebatou a criança branca do seu berço de marfim, atirou-a para o pobre berço da verga, e tirando o seu filho do berço servil, entre beijos desesperados, deitou-o no outro.

Veio o capitão das guardas, levou a criança e a matou no pátio. Quando a rainha, entre gemidos das outras aias, percebeu o que havia acontecido, atirou-se sobre os pés de sua criada. Prometeu-lhe todos os tesouros de seu reino. Na face da ama, a rigidez de mármore não se desfazia. E foi assim conduzida à câmara onde reluzia todo o ouro do mundo.

Senhores, aias, soldados a seguiam num respeito tão comovido que só se ouvia o roçar de suas sandálias sobre as lajes. Em meio aos rubis, diamantes, seus olhos, brilhantes e secos, ergueram-se para o céu. Era lá, naquele céu fresco da madrugada, que seu menino chorava e procurava por seu peito.

A aia estendeu então a mão, e sobre um escabelo ao lado, entre um molho de armas, agarrou um punhal. Encarou a rainha, e o cravou no próprio peito.

CAPÍTULO 15

Epa! Foi mal!

Em Atenas consolidou-se uma forma muito particular de tomar decisões políticas. Os assuntos relativos à pólis eram debatidos em espaço aberto. Numa praça denominada ágora.

Se a vida é vivida com os demais, valerá mais as suas penas em convivências harmoniosas. O que requer, nos limites do justo, considerar a vida do outro, bem como seus valores. Sabedoria de buscar entendimento sem se anular ou aviltar. Fronteiras tênues. Terreno pantanoso.

Ninguém disse que era fácil.

* * *

Ágora.

Em português a palavra costuma ser escrita com acento no primeiro A. Proparoxítona, portanto. Com a tônica na primeira sílaba. Curiosamente, em italiano, a sílaba tônica é a última. Uma oxítona. Como em francês. Mas, neste idioma, toda palavra terminada em "a" é oxítona.

As tomadas de decisão eram feitas segundo o voto da maioria, com base em discursos argumentados, enunciados ao público. Dessa forma, o exercício efetivo de certo poder implicava competência para o convencimento daquele auditório.

Conseguir o apoio da maioria era condição para uma deliberação favorável ao orador. Seja por considerá-la mais adequada para a cidade, seja por atender a seus próprios interesses, ou do grupo a que pertence.

A capacidade retórica torna-se, neste caso, condição para fazer triunfar as próprias pretensões, converter em norma para todos o que é o desejo e o interesse de alguns.

O valor de cada discurso era determinado por sua eficácia, isto é, pela extensão do efeito de convencimento produzido. Sem choro nem vela. Deu certo, parabéns. Deu errado, arcará com as consequências.

Um jeito, digamos, pragmático de entender as iniciativas do homem.

* * *

Sei bem do que eles estão falando.

Remeto você a 2013. Faz tempo, eu sei. Já trabalhava como palestrante. Recebi um convite de uma importante empresa farmacêutica. Um segmento pujante nos últimos tempos.

Esperavam uma fala motivadora para vendedores. Na rotina de 300 palestras por ano, aquela seria mais uma. Sabia exatamente o que tinha de dizer. Não tinha como dar errado.

Esse tipo de certeza costuma punir o incauto.

Um dia antes, fiquei afônico. Comuniquei imediatamente meus clientes. Compreenderam a situação, claro. Mas reagiram com tristeza angustiada. Aquele evento era o maior da empresa. Realizado de dois em dois anos. Com a presença de colaboradores provenientes de todo o país.

Minha intervenção seria a palestra de abertura.

Perguntaram-me, em desconsolo, se poderia indicar alguém que me substituísse, digamos, com a mesma pegada. De bate pronto, lembrei-me dele. Era o nome mais óbvio. Epaminondas Flores. O Epa.

Colega das arcadas. Professor estupendo. Palestrante de arrebatar plateias. Carisma de magnetizar mesmo no silêncio. Fala incisiva. Argumentação cortante.

Restava consultar sua disponibilidade e interesse.

Aceitou feliz. No dia, fiz questão de acompanhá-lo. Afinal, afonia não limita circulação nem obsta amizades solidárias.

Auditório lotado. Recursos de técnica pós-moderna criavam ambiente futurista. Todos de olho no amanhã. Transportados por sons e imagens para um devir glorioso. De abundância e triunfo. E concorrentes clamando por misericórdia.

Gritos de guerra entoando, com histeria, a marca da empresa anfitriã denunciavam o espírito do momento. De obnubilada motivação.

Aquele cenário me era familiar. Menos, porém, ao meu indicado. Nada ali fazia lembrar suas brilhantes aulas no doutorado. Tampouco os congressos acadêmicos em que luzia.

Finalmente, foi anunciado.

Lá se foi o Epa. De onde estávamos até o púlpito, o percurso me pareceu interminável. Seu caminhar não fazia lembrar – nem remotamente – os badalados *speakers* americanos. Hábeis em esconder a superficial obviedade de suas propostas com dinamismo aparente, andar rápido e seguro de si, movimentos ágeis, acenos de gente famosa, piadinhas de aperitivo e muitas telas de apresentação.

Epa tomou a palavra. Com solenidade anunciou o tema: a incompatibilidade entre uma ética de princípios (como alguns valores inscritos no *banner* do evento) e outra de natureza utilitarista (como o foco no resultado grafado em destaque no mesmo *banner*).

Admito que podia ter sido mais curto. Mais enxuto. Mais chamativo.

Quem sabe algo como: "Mentir para vender: limites éticos de uma estratégia vencedora".

Mas o assunto em si era muito pertinente para um público de vendedores.

Suas considerações foram encadeadas com coerência. Os argumentos consistentes denunciavam os limites de uma e outra forma de pensar. Um discurso formalmente impecável. Um português castiço. Ironias finas, para gente de repertório vasto e entendimento delicado.

Estivesse alhures e teria sido ovacionado. De pé.

* * *

Você entendeu agora a pegada da instrução dos sofistas?

Se Epa tivesse conversado cinco minutos com algum deles e dito o que pretendia fazer, teria recebido rude advertência. Não faça isso! Você fracassará. Esse discurso que você pretende enunciar, primoroso para muitos, é, para este evento, um péssimo discurso.

Eu poderia ter feito as vezes desse instrutor. Mas não imaginei que, ante as evidências do evento, cenário, trilha sonora, ambiente festivo, luzes, raios, gritos e tudo o mais, não se desse conta da necessária "troca de chip".

Errei. O que me custou o cliente. Até hoje.

Epa não conseguiu segurar, mesmo na abertura do evento, mais que um quinto da plateia no auditório.

CAPÍTULO 16

Vítima dos deuses e das palavras

O bom discurso é aquele que obtém aplauso. Do maior número de ouvintes, claro. Unânime, de preferência. Assim pensavam os sofistas.

A vida também vale pelas vitórias. Conseguir o que se pretendia. Satisfazer um desejo. Não é tudo? Certamente. Não é o mais importante? Talvez. Mas conta. Quem perde sempre acaba desgostoso. Quem perde sempre não vê graça em nada. Frustração em série azeda a existência. Quem poderá negar?

E essas vitórias, quase sempre, implicam chancela e reconhecimento alheio. Às vezes, de muitos outros.

Assim pensavam os sofistas.

* * *

Esse maior número – cujo aplauso todo orador almeja – não é um contingente hipotético. Uma justaposição genérica. Pelo contrário. São pessoas de carne e osso. Aquelas que estão ali, e não outras. E isso faz toda a diferença.

Gente com história, com trajetória, com vida nas costas. Predispostas a concordar ou a discordar, à mercê dos artifícios que sensibilizam. Imbuídas desse trabalho cívico de definir os caminhos da cidade.

Se o valor do discurso está no aplauso, cabe a quem o enuncia despertá-lo a qualquer custo. Assegurando manifestação concreta mais positiva. Por intermédio da plena aceitação do argumento como o mais pertinente. E, consequentemente, da proposição sugerida.

* * *

"Uma História Enfadonha" conta os últimos dias de um velho professor. Nicolai Stiepánovitch. Porque essas línguas eslavas são mesmo assim.

Tratava-se de um sábio famoso no mundo inteiro. Uma eminência. Mas que em suas confissões se autodenominava "Minha excelência".

Embora estivesse no topo da hierarquia oficial, era dotado demais, em termos intelectuais, de crítica e autocrítica para levar a sério a fama e a devoção que lhe prestavam.

Sobre seu ofício, ele discorreu com precisão e certa melancolia:

– Um bom regente de orquestra!

Ao transmitir o pensamento do compositor, executa simultaneamente vinte tarefas: lê a partitura, agita a batuta, observa o cantor.

– O mesmo faço eu, dando aula. Tenho na frente cento e cinquenta rostos, e trezentos olhos que me encaram. O meu objetivo é ganhar essa hidra de cabeças. Se em cada momento da minha aula tenho uma noção nítida do grau de sua atenção, ela está no meu poder, e meu único inimigo está alojado em mim mesmo. Discorre-se um quarto de hora, meia hora, e eis que, observa-se, os estudantes começam a olhar para o teto. Isso significa que a atenção está cansada. Experimento agora a tortura. Fui vencido. Meu discurso elevado, a frase singela e bonita... resta beber água e tossir.

Desse modo, para Nicolai – e também para os sofistas –, o que é dito só realiza seu valor para além de si mesmo. Em razão da consequência do enunciado, do que dele decorre: aprovação ou desaprovação, aplauso ou vaia, atenção ou tédio.

Para os sofistas, não há dúvida. A consistência interna dos argumentos é irrelevante. Sobretudo se para conseguir levantar as massas – e tirar delas o que se pretende – for preciso escorar-se na falsidade, no engano e na ilusão.

Eram professores. Instrutores, talvez. Defendiam um ensino focado em resultados. A vencer no mundo. Preparavam os jovens para viver a vida na cidade. Para serem influenciadores ou exercerem diretamente o poder.

Capacitavam seus alunos para triunfar, segundo as regras do jogo. Nos trâmites da democracia direta vigente. Para fazer prevalecer os próprios pontos de vista e os próprios interesses – em detrimento de quaisquer outros – quando da tomada de decisões.

A formação sofista preparava para argumentação, para o debate público, os discursos ante grandes auditórios e a apresentação mais atraente do argumento mais sedutor.

O leitor certamente se deu conta. Nesse tipo de escola, não importa muito quanto tempo leva para o Sol dar uma volta em torno da Terra. Tampouco se a Lua é ou não uma estrela. Muito menos por que chove mais aqui do que acolá.

A preocupação a respeito do universo, da natureza, do funcionamento das coisas do mundo foi dando lugar a uma investigação sofisticada sobre o homem, a comunicação, emoções, decisões, ações, poder e triunfo.

O foco desses instrutores era nas habilidades humanas, na capacidade do homem de pensar, comunicar, impactar, seduzir.

* * *

Para que você tenha uma ideia da importância que os sofistas atribuíam à questão da linguagem e seu efeito persuasivo, vale a pena mencionar um dos poucos textos que chegaram até nós do grande Górgias, tido como o mais impressionante orador daqueles tempos na Grécia.

Górgias, que era siciliano. Protagonizou cenas memoráveis na ágora ateniense. Fazendo triunfar causas perdidas. Arrancando aplausos por minutos na defesa de argumentos e teses pra lá de impopulares até então.

* * *

O exemplo mais do que óbvio é o famosíssimo *Elogio a Helena*.

Bem, você certamente ouviu falar que Páris, príncipe de Troia, seduziu Helena, mulher de Menelau, rei de Esparta. E Helena, a rainha, foi embora com seu jovem e galante sedutor, deixando o marido a chupar o dedo. Evitei a expressão "a ver navios" porque, todos sabem, Esparta não era uma cidade litorânea.

Essa sedução só foi possível porque Páris, numa festa de casamento, foi solicitado por Zeus a decidir qual seria a mais bela: Atena, Hera ou Afrodite. Tudo isso porque Éris, deusa da discórdia, que entrara de bicão, havia deixado uma maçã de ouro sobre a mesa principal com os dizeres: "para a mais bela".

Zeus, que não quis se comprometer, delegou a decisão a um jovem encontrado ao acaso.

Para obter o voto decisivo do galante árbitro, cada candidata ofereceu o melhor do que podia dispor.

Um gesto de corrupção em tempos mitológicos.

Hera prometeu-lhe um império; Atena, a vitória em todas as guerras; e Afrodite, a capacidade de seduzir quem ele bem entendesse.

Páris optou então pela terceira. Afrodite. Deusa do amor. Em troca do que lhe havia prometido, a sedução ilimitada, designou-a a mais bela. Conferindo, assim, glamouroso destino àquela *pomme d'or*.

Sempre soube dessa história. Do pomo da discórdia, como dizia dona Nilza, minha mãe. Não raro referia-se a mim usando essa expressão. Por propor juízos que, quase sempre, causavam desentendimento familiar.

– Era previsível a decisão de Páris. Nessa idade os hormônios sobem à cabeça.

Eu acho que você tem razão. No entanto, penso que essa certeza de sedução, garantida por Afrodite, faria sonhar muita gente com mais idade também.

Páris tinha foco definido. Não gastaria tão preciosa vela com um defunto qualquer. Pretendia seduzir Helena. Rainha de Esparta. Esposa de Menelau. Tida como a mais bela de todas as mulheres.

– Não faltava audácia ao mancebo.

Dito e feito. Assim se fez.

Pois bem. Você deve estar se perguntando o que toda essa narrativa está fazendo neste capítulo dedicado aos sofistas. Pois bem. Aqui vem a pertinência.

Górgias, o mais impressionante orador do seu tempo, sai em defesa de Helena. Não poderia haver causa mais indigesta. Helena trocara um rei grego por um príncipe troiano.

– Nos dias de hoje, a tarefa já seria complicada. Imagine naquele tempo, em que a mulher não gozava de cidadania.

Exatamente. Seria o mesmo que uma mulher pública no Brasil largar o marido – também homem público e muito querido – por um estrangeiro de um país rival no futebol, por exemplo.

Não. A comparação é infeliz. Jamais entraríamos em guerra por causa disso.

– Você tem razão. Desafiador para Górgias. Estou curioso para saber como fez para defendê-la.

Segundo o grande orador sofista, Helena jamais poderia ser culpada de nada. Porque Páris a teria levado de Esparta em três condições possíveis.

A primeira, mediante coação física. Nesse caso, obviamente, Helena não é culpada, porque não poderia defender-se. Páris e seus comandados a teriam raptado, não lhe dando chance alguma de evitar o infortúnio.

Na segunda condição possível, Helena teria se apaixonado. Dessas paixões nos quatro pneus. De ver o amado em todo lugar. De não conseguir dormir. De trocar o nome das pessoas.

Nesse caso, a pobre rainha estaria sob a influência do poderoso deus Eros. E novamente nada poderia fazer. Menos ainda do que no primeiro caso. Dado que não podemos lutar, como é óbvio, contra a vontade de um deus.

Na terceira condição, a que mais nos interessa aqui, Helena teria sido convencida pelo discurso de seu sedutor. Nesse caso, segundo Górgias, ela também não poderia ser culpada.

Porque um discurso bem articulado e enunciado seria tão eficaz e irresistível quanto a coação física de um exército ou a vontade de um deus.

CAPÍTULO 17

Longe é um lugar que não existe

Pesquisadores da Universidade da Califórnia, em Berkeley, descobriram que há variações em cada indivíduo ao identificar a localização, o tamanho e os detalhes dos objetos.

Uma série de experimentos com nove pessoas revelou importantes diferenças no que cada uma enxergava. O estudo completo foi publicado na revista *Proceedings of the Royal Society B*.

Duas pessoas que olham exatamente para a mesma cena podem não vê-la do mesmo jeito. Os cientistas batizaram esse efeito de *"fingersprint of misperception"* – tipo impressão digital da falsa percepção.

Por que será que – se cada um vê de um jeito – chamam de falsa percepção? Haverá alguma verdadeira percepção? De quem será? O percipiente nota 10? Que vê o mundo corretamente, como de fato ele é?

– Em que esse experimento científico nos ajudaria a viver melhor?

Uai. Se cada um vê o mundo de um jeito, cuidado para não tomar olhares e percepções distintas das suas como provenientes de pessoas estúpidas, loucas ou profundamente equivocadas. Exigir que vejam o que você está vendo talvez seja um impossibilidade.

Estamos falando de uma publicação que data da segunda onda da Covid-19 no mundo. Da segunda metade do ano de 2020. Mas antes disso já havia alguma intuição a respeito.

* * *

"O homem é a medida de todas as coisas."

Assim teria dito Protágoras.

– Quem era esse?

Um cara superfamoso, da época de Sócrates.

– Nunca tinha ouvido falar dele!

Pois é. A consagração que atravessa os séculos nem sempre respeita a fama dos que viveram aquele momento. Eu, por exemplo. Ninguém me conhece. Mas espere uns quinhentos anos e verá!

— Não sei do que vai adiantar ficar famoso tão tarde. Nem eu nem você estaremos aqui pra ver.

Viu só?! De certa forma, você acaba de dar razão a Protágoras. O homem é a medida de todas as coisas. Se ele não está lá pra ver, como saber?

— Não entendi nada. Você está me confundindo. Aliás, eu bem que disse que gastar dinheiro com essas coisas não leva a nada. Tantos outros livros ensinando a ganhar dinheiro, a abrir um negócio, a se dar bem na vida... Olha só onde eu fui me meter. São tão poucos os leitores. Fico constrangido de fechar o livro na sua cara. E te deixar no vácuo.

Ei, calma. Não fique assim. Antes de mais nada, obrigado pela delicadeza. Mas não entendo seu destempero. Estávamos vindo tão bem até aqui.

Parece que você está procurando pelo em ovo. Só para confirmar sua opinião a respeito de livros como este.

Você nem me deu chance de explicar a tal frase!!! Já chegou com quatro pedras na mão. Garanto que, se fosse matemática, tão complicada quanto, você sentava, fazia o exercício e engolia o choro.

Venha comigo. Faz bem de não me deixar só. Já são tão poucos os interessados. Vamos retomar juntos.

* * *

"O homem é a medida de todas as coisas."

– Já sei. Afirmação do famosão Protágoras.

Pois é. O que será que ele quis dizer com isso?

A palavra medida faz pensar em tamanho, extensão.

Os alfaiates – OK, menos procurados hoje do que nos tempos do vovô Aleixo – tiravam as medidas. Mesmo que nunca tenha visto um profissional assim, você consegue imaginar. Um terno exigia meia hora de fita métrica. Braços, pernas, cintura, coxas, costas na altura dos ombros etc. O mais esquisito era medir o tal cavalo. Do umbigo ao cóccix.

Para medir a extensão de um braço foi preciso um alfaiate. Ou outra pessoa qualquer. Quem sabe até você mesmo. Mas nos três casos foi preciso alguém. Um homem. Uma mulher. De posse de uma fita métrica. Cheia dos seus centímetros e milímetros. Unidades de medida sugeridas e convencionadas por outros homens e mulheres, antes do alfaiate.

Sem eles pode até haver pernas. Mas não há medidas.

Cogitemos sobre um planeta nunca visto. Nem a olho nu nem por telescópio. Por instrumento algum. Um planeta que existe, mas cuja existência nunca foi flagrada pelo homem.

– Mas nesse caso você não poderia saber que ele existe.

Verdade. Acho que você já embarcou na de Protágoras. Mas eu preciso do exemplo. Então ele existe e acabou. Só que ninguém nunca viu.

Bem, falávamos do planeta que ninguém nunca viu. Excluído o homem da jogada, sua percepção, seu flagrante, o dito cujo não poderá ser grande, por exemplo. Tampouco pequeno, ou de tamanho médio. Ou maior que algum outro.

Porque sem o homem e a sua percepção não caberia pensar no tamanho nem na extensão.

Da mesma forma, não haveria o perto e o longe. Porque, se o for, será de alguém. Nesse caso, sem os homens e seus superinstrumentos medidores, longe é sempre um lugar que não existe.

Talvez por isso a distância seja mesmo intrigante. Há quem esteja distante mesmo ao nosso lado e quem continue ao nosso lado mesmo distante.

* * *

Podemos atribuir à palavra medida um sentido menos restritivo e pensar em valores como o belo, ou o feio. O tal planeta que estamos usando de exemplo, que não tem tamanho nem dista de lugar algum, sem o homem também não tem beleza, nem feiura.

E se for vermelho? Precisará do homem para apontar o dedo de encantamento. Pegar o caderninho e tomar nota da cor.

– Isso tudo me parece uma grande maluquice.

Uai. Por quê? Você não concorda com Protágoras?

– Claro que não. Um planeta é grande, maior do que outro e vermelho, havendo ou não alguém para contemplá-lo. Quanto à beleza, penso que a Baía de Guanabara, a Praia do Francês, o Guaíba, as paisagens das Minas Gerais, a Chapada dos Veadeiros, a Serra do Mar, os pampas, o Pantanal e tantas maravilhas do nosso país não precisam de ninguém olhando para serem o que são. O belo é belo. Já era belo antes do homem. E, se este não existisse, ainda o seria. Talvez mais. Mais um pouco você vai dizer que o bem e o mal também só existem por causa do homem!!!!

Nossa. Como foi que você adivinhou?

Estava me preparando para estender o "protagorismo" para a moral. E neste caso, como você bem antecipou, o certo ou o errado, o justo ou o injusto, o honesto e o desonesto, o virtuoso e o vicioso também resultariam de um entendimento humano. Individual ou em convenção, quando os critérios para definição são definidos num acordo.

Estamos então dizendo que segundo Protágoras tudo é relativo ao olhar do homem. Um homem isolado ou reunido, um olhar individual ou compartilhado, avaliação de um só ou de muitos.

Os sofistas eram na sua maioria viajados e usavam como argumento a heterogeneidade, a diversidade na hora de atribuir valor moral às condutas humanas nas distintas sociedades. E, por que não dizer, em épocas diferentes.

Sabe quando alguém gasta meia hora de saliva para demonstrar a pertinência lógica e a superioridade de um argumento sobre outro e chega alguém, com veia antropológica, para informar, com olhar de superioridade, que em tal e tal lugar as avaliações são completamente outras? E que, portanto, o que é considerado positivo aqui pode ser tomado por muito negativo alhures?

Esse relativismo que coloca tudo, ou todas as medidas, na conta da perspectiva do homem costuma ser associado a um ceticismo, convicção compartilhada entre muitos, de que não há como propor verdades absolutas, isto é, não relativas a nada, e portanto não relativas ao homem, a suas perspectivas, a seus tempos e a seus espaços.

E tudo isso parece tentador para muitos, ao denunciar a inviabilidade, a impossibilidade ou a incapacidade do homem de alcançar o absoluto, ou seja, aquilo que é verdadeiro apesar dele próprio, aquilo que é verdadeiro mesmo que ele não esteja lá para, com base em sua perspectiva, constatar, flagrar, denunciar; há contra-argumentos a opor que nos devolveriam a tarefa de vencer o comodismo cético.

* * *

Isso de que o mundo escorre pelos dedos na tempestade de infinitas perspectivas me faz pensar no tal de Ícaro, despenhando-se do rochedo a fim de legar ao mundo um fracasso definitivo.

Às vezes nem pensar penso: as nuvens me atrapalham, os ventos me dispersam, já não sei quem sou, enquanto uma esquadrilha de aviões parece conferir meu corpo, triste corpo mutilado, que aguarda os monstros do final.

* * *

Assim, Ángel Ganivet sugere a um cético radical que se sente nos trilhos de um trem e espere ali, impávido, a chegada de um suposto, ilusório trem expresso. Ou Richard Dawkins, na obra *River out of Eden*, que observa que todo passageiro em aeronave, a 30 mil pés de altura, deve aceitar o relativismo como hipocrisia.

Afinal de contas, o funcionamento técnico das peças que permitem à aeronave voar não pode ser relativo ao olhar, às esperanças, aos desejos e às convicções e angústias de seus passageiros. Nesse sentido, o avião voa para além de toda perspectiva, para além de todo homem mensurador, e talvez só não esteja vencendo a gravidade e voando em relação a ele mesmo.

CAPÍTULO 18

Só pode ter sido sem querer

A vida de cada um tem seus próprios valores. Alguns colocam no topo as próprias convicções. É o que mais importa. É a verdade. Se justiça é o que é, toda ação será justa ou injusta. Indiscutivelmente. E não há que compactuar com as últimas. Valor da vida.

Você dirá que até é meio lógico. Nenhuma grande novidade. Mas não é tão simples. Temos amigos. Parentes. Companheiros de luta. Aos quais devemos fidelidade. Entendeu o enrosco? Nem sempre o primeiro parágrafo se harmoniza com o segundo.

Afinal, como pensam muitos, se for para apoiar o amigo, o filho, a mãe só quando eles têm razão, quando agiram justamente, então não precisa ser amigo, pai ou filho. Basta saber o que é Justiça.

* * *

Sócrates sempre agiu conforme sua consciência. Do que achava justo. Ou mais justo. Senso de justiça que não leva em conta a posição social dos envolvidos. Seus cargos, títulos, troféus, reconhecimentos, consagrações, etc. Importava só o caráter. A dignidade. O modo como habitualmente pensavam para decidir. Para agir. Para viver.

Dessa forma, o filósofo não integrava grupos, bandos, panelas, gangues e afins. Esse pertencimento exigiria uma fidelidade aos propósitos e às estratégias do grupo, aos compromissos assumidos, incompatível com sua independência de espírito.

* * *

Crítias, chefe dos Trinta Tiranos, ex-aluno de Sócrates, pediu ao filósofo e mais quatro atenienses que trouxessem de volta o célebre líder democrático Leon de Salamina para que em Atenas fosse julgado e condenado à morte.

Sócrates, por muitos considerado antidemocrático e aliado dos Trinta Tiranos, ignora o pedido de Crítias. Dá-lhe as costas. Volta para casa como se nada tivesse ouvido. Mesmo sabendo das consequências, possíveis e até prováveis, de semelhante desacato a um governante tão autoritário.

Sócrates mostrou aos atenienses que preferia enfrentar as consequências do desacato a cometer injustiça contra Leon, por cuja conduta e dignidade sempre teve respeito.

* * *

Essa independência de Sócrates se manifesta em outra ocasião muito comentada na época. O filósofo, por aqueles tempos, integrava o Conselho da pólis. Instância política de máxima monta. Designado por sorteio, coube-lhe julgar certo caso – dinamite pura nas redes sociais da cidade.

Dez líderes militares atenienses – cidadãos comuns, não havia exército; era o povo que lutava – foram acusados de se evadir, de livrar a própria cara, deixando de salvar a vida de alguns de seus comandados em via de afogamento e de proteger a dignidade de alguns cadáveres, soldados tombados em meio à batalha ganha das Arginusas.

Não havia certeza sobre quais dos dez havia precipitado a fuga e quais dentre eles havia relutado, clamando pelo socorro aos que se afogavam.

A opinião dominante era claramente contrária a esses líderes militares. E o governo dos democratas – que recuperara o poder desbancando os Trinta Tiranos – fazia coro, exigindo condenação e execução imediata.

Pois bem. Sócrates negou-se a condená-los. Ressaltou as condições adversas da batalha ganha. Reconstituiu as reais condições da fuga, advogou a impossibilidade do salvamento das vítimas e enfrentou, com serenidade, a opinião pública do momento, liderada pelos parentes das vítimas.

– Desse jeito ele ficou mal com todo mundo. Com os Trinta Tiranos, por não ter feito o que Crítias havia "solicitado", com os democratas, que queriam condenar os líderes militares, e com a opinião pública.

Viu só? Porque para ele o valor da vida que mais contava, muito mais do que ficar bem com essa galera toda, era viver de acordo com a sua consciência. E suas convicções.

Mas não para por aí.

* * *

Sócrates defende-se da acusação de ensinar mediante pagamento. E o faz com a conhecida ironia. Afirma que não lhe cairia nada mal se recebesse de fato pelos seus ensinamentos. Mas sempre receou que se cobrasse por eles ninguém o procuraria.

Sugere, portanto, que o que tem para ensinar não vale contrapartida; não tem valor no mercado dos bens discursivos.

– O mesmo não acontece com os ensinamentos de Górgias ou Hípias, a quem vocês, todos, confiam seus filhos. Eles, sofistas, sim cobram caro, e todos vocês aceitam pagar a eles. Podem cobrar e todos lhes pagam o que pedem. Porque são mestres melhores do que eu.

Se há quem pague, é porque eles valem o valor pago. Ou, talvez, ainda mais. Quanto a vocês, acusam-me de receber para ensinar. E, ao mesmo tempo, pagam pela educação de seus filhos, reverenciando seus mestres.

Se receber para ensinar fosse conduta tão reprovável, todos vocês, inatacáveis, certamente não pagariam regularmente por ensinamento algum.

Pergunto-me, então, por que me acusam com tanta gravidade e contundência por uma conduta que é realizada por outros, não perseguidos em processo e enaltecidos por vocês, meus acusadores?

* * *

Sócrates se defende da acusação de não cultuar os deuses da cidade. E de ter inventado outros. Referem-se a um certo daimon interior que o filósofo menciona amiúde em suas reflexões.

– Esse tal daimon, o que vem a ser exatamente?

O que de mais próximo me ocorre, para facilitar a sua compreensão, é a própria consciência. A de Sócrates e a de cada um. Certa consciência de si mesmo, e, portanto, certa consciência moral também.

Esse daimon interior ser-nos-ia atribuído pelos deuses.

Sendo assim, precisaria deles e dos homens para existir. A origem está nos deuses. É divina. Mas é em nós que habitam. É, portanto, para explicar no talo da simplicidade, filho de uma parceria entre deuses e homens.

Ora, você entendeu, Sócrates tinha a faca e o queijo na mão para colocar seus acusadores em dificuldade.

Eu o vejo discursando. Se você ler a *Apologia de Sócrates*, certamente imaginará também. Vou deixar a palavra com o filósofo, do jeito que eu o imagino falando.

– Como poderia eu ser tão estúpido a ponto de fazer crer aos meus interlocutores na existência de um daimon interior, filho de deuses e homens, que, portanto, carece de deuses para existir e, ao mesmo tempo, sugerir que esses deuses não existem?

Seria o mesmo que aceitar a existência da mula – filha do asno e do cavalo –, falar sobre mulas o tempo todo, recorrer a mulas para viver e negar a existência de cavalos no mundo.

Ou confessar encantamento por pão de centeio e negar a existência do centeio, sem o qual o referido pão não existiria. Ou apresentar-se como um especialista em futebol e negar a existência de pés e bolas.

– Nessa Sócrates mandou muito bem. Eu, se estivesse entre os acusadores, já teria saído de fininho.

* * *

Entre as acusações do processo consta a corrupção dos jovens. Acusação gravíssima! Relacionada a uma antiga pecha de que seus conteúdos tinham por objeto ora o que está sob a terra, ora o que está no céu. Portanto, inúteis e perigosos.

Sócrates dá início a sua defesa inquirindo seus acusadores se a conduta, inerente ao seu trabalho de corromper os jovens, seria voluntária ou involuntária.

Em outras palavras. Ele, Sócrates, corrompia os jovens por querer ou sem querer? Falando como um estudante de direito penal, agiria ele com dolo ou não?

Em resposta, a acusação lhe imputa a corrupção voluntária de seus alunos, de seus interlocutores e de seus jovens ouvintes.

Sócrates então refuta, sugerindo que ele mesmo só teria a perder com isso. O que seria ainda mais grave do que não ter nada a ganhar com isso.

– Vocês realmente me tomam por um imbecil!

Assim, imaginei eu, o *quick off* da argumentação.

– Seria muito estúpido não se dar conta de que a corrupção do espírito daqueles que estão diariamente por perto, com os quais terei de me haver e conviver por muito tempo, só me traria danos a médio e longo prazo. Terminaria por impor a mim mesmo todo o mal que ensinei.

– Seria tonto a tal ponto de fazer o mal a quem, estando tão perto, poderá me causar mal a qualquer momento? Esse mesmo mal por mim ensinado? Não me tornaria eu vítima dos espíritos corruptos, que eu mesmo corrompi?

– Assim, como não me considero tão estúpido, não posso aceitar a acusação de uma corrupção voluntária dos espíritos. E, se lhes faço mal, será involuntariamente. Acreditava estar fazendo-lhes o bem. Mas podia estar equivocado.

– Neste caso, só há uma saída positiva. Reeduquem-me! Que me expliquem em que me equivoquei.

* * *

Sócrates apresenta, nesse momento da defesa, com maior clareza, seu entendimento sobre moral. Que recebeu mais para a frente a alcunha de "intelectualismo ético".

Tudo começa onde estávamos. Ele jamais teria corrompido seus alunos por querer. Não fazia sentido. Ele seria vítima da sua própria iniciativa. Portanto, se corrompeu, foi sem querer. Se fez o mal, foi sem querer.

E não é só ele. Não é só nesse caso.

Continuamos deste ponto. Para Sócrates, ninguém faz o mal por querer. Ou querendo fazer o mal. Logo, quem faz o mal o faz por não conhecer o bem.

Todo homem age de acordo com o que conhece. Seu intelecto e conduta estão coligados. Portanto, quem conhece o bem faz necessariamente o bem. E não pode fazer o mal. Não há nenhum tipo de vontade que possa determinar uma conduta contrária ao bem conhecido.

No intelectualismo ético de Sócrates, o mal não passaria de uma forma de ignorância do bem. De uma ausência de bem. Deixa-se definir pelo contrário. Pelo que não é.

Resumindo e trazendo aqui para nós.

Ninguém age com a intenção de fazer o mal. Todos os agentes pensam estar fazendo algum bem ao agir. É inerente à ação a crença do bem que lhe é correlato. Um bem para si mesmo, um bem para um outro qualquer, parente, amigo ou mesmo desconhecido.

– Então quem faz o mal, na verdade, não quer fazer o mal?

Exatamente. Age em nome de um bem que não é bem. Toma o bem pelo não bem. Equivoca-se sobre ele. Ignora-o. Age mal, portanto, por ignorância. Se o bem vier a ser conhecido, a conduta lhe será sempre decorrente.

* * *

Esse intelectualismo ético denuncia uma concepção socrática pra lá de otimista a respeito do homem. Afinal, não havendo vontade do mal, só a ignorância pode dar-lhe causa.

– Bom. Eu vou dizer o que acho. Não sei se concordo muito. E acho também que a grande maioria das pessoas que conheço não concordaria com nada disso.

Você tem toda razão. Esse tal intelectualismo ético do Sócrates vai na contramão total do chamado senso comum.

– Em que acreditamos, afinal?

Que, mesmo conhecendo o bem, pode muito bem haver vontade de fazer o mal.

Ou, se o leitor preferir, para fazer o bem é preciso – além de conhecê-lo – ter vontade de fazê-lo, de implementá-lo, de manifestá-lo praticamente.

– Na verdade, o que acho é que, em muitas situações, todo mundo tem uma ideia clara do que é certo ou errado fazer. O problema não é ignorar. De jeito nenhum. Quem agride um indefeso para roubar, violenta uma criança pequena não pode achar que esteja fazendo algum bem.

Entendi muito bem o que quis dizer. E fiquei encantado com a sua indignação. Afinal, estamos no cerne das nossas preocupações. E fazer o mal incide sobre a vida. Valores morais acabam respingando na existência. São valores de vida também.

Por isso foi tão rico refletir sobre tudo isso. Se para Sócrates toda conduta canalha é só obra da ignorância, para muitos de nós – e sobretudo para você – toda conduta canalha resulta mais de vontade torpe do que de não saber direito o que é o bem.

CAPÍTULO 19

Melhor ser vítima

O julgamento e a condenação de Sócrates aconteceram em 390 a.C. Setenta anos, portanto, após seu nascimento.

É um momento de decadência de Atenas. Vencida na guerra do Peloponeso, curva-se ao domínio espartano. Com instituições internas enfraquecidas, democracia debilitada e experiência fracassada de um governo dos Trinta Tiranos.

O julgamento se dá numa tentativa de retomada da vida democrática ateniense. Sócrates é acusado de não cultuar devidamente os deuses da cidade, com destaque especial para a própria Atena, de inventar outros deuses e finalmente de corromper os jovens.

Tais acusações não correspondiam aos fatos da vida de Sócrates. Tampouco ao seu pensamento. Assim garantem os historiadores da filosofia. Por unanimidade.

Supomos, então, que o nosso mestre maior cultuava os deuses da cidade, nunca quis introduzir novos deuses, e menos ainda corrompeu a juventude.

Talvez ele não estivesse entre os dez mais carolas. Até porque passava boa parte do tempo preocupado com certa busca da verdade pela razão. Mas parece certo que jamais terá blasfemado contra as divindades.

Quanto a corromper a juventude, o termo corrupção aqui tem um significado distinto do atual. Nada a ver com dar uma grana para obter alguma decisão alinhada às próprias pretensões.

O corrompido por Sócrates era o espírito do jovem. A denúncia dizia respeito ao que o filósofo lhes fazia pensar. Os temas sobre os quais eram levados a refletir. Entendidos como inadequados e incompatíveis com uma boa formação.

É certo que Sócrates gostava de se cercar de jovens, com eles conversava, e sempre pretendeu ensinar-lhes a pensar melhor.

Tudo isso poderia tê-los levado a refletir de forma alternativa, ou subversiva, sobre a vida na cidade, o exercício do poder político, a produção das normas, os valores que lhes conferem fundamento, etc.

E, finalmente, quanto a introduzir um novo deus, Sócrates dizia que um daimon, figura divina, sempre lhe dizia – no momento de tomar uma decisão, fazer uma escolha, deliberar sobre a vida – o que ele não deveria fazer.

Sem, contudo, indicar-lhe positivamente qual o caminho a trilhar.

Trata-se provavelmente de uma figura da sua própria consciência, um recurso da sua inteligência prática que Sócrates costumeiramente denominava daimon.

Bem, as acusações contra Sócrates eram impertinentes. Estamos todos de acordo. Mas havia – para quem tivesse interesse na sua condenação –, em meio ao seu comportamento e discursos heterodoxos, matéria-prima suspeita suficiente para costurar indícios, depoimentos de desafetos, narrativas de episódios aparentemente coerentes que lhes dessem sustentação.

* * *

Há tolerância quando alguém age para salvar a própria pele.

Mesmo que cometa um ilícito, um crime. Os ordenamentos jurídicos denominam "estado de necessidade". Alguém com fome furta para comer. Furto famélico. Nos limites da fome daquele instante.

Em estado de necessidade também é possível matar.

O homicídio é crime. Mas, se for para livrar a própria cara e continuar vivo, é excludente de ilicitude. Em naufrágio, ante uma única boia de salvamento, um indivíduo mata o outro. Estado de necessidade.

Também na iminência de uma agressão é possível antecipar-se. Não há que esperar ser morto para reagir. Preservar a própria vida exige agir antes. Exige-se certa proporcionalidade de meios. Mata-se um suposto agressor para preservar a própria vida.

A legítima defesa exclui a ilicitude.

* * *

Sócrates fora condenado injustamente, segundo seu próprio entendimento e o de muitos. Condenado à morte, aguarda a execução. A ingestão de cicuta. Que se daria quando certo navio voltasse de Delfos.

Nesse meio-tempo, seus discípulos organizam uma fuga, subornando a guarda. Sócrates então é instado a evadir-se, mas recusa. Com indignação. Tanto tempo em sua companhia. Aprenderam pouco. Menos do que ele supunha.

Como já vimos, a vida de Sócrates é inseparável da de Atenas, a sua cidade.

Nela Sócrates teria aprendido quase tudo que sabe. Graças a sua cidade, Sócrates viveu como quis viver. Dedicado ao aperfeiçoamento de seu espírito. E a ajudar os demais a fazer o mesmo. Em nome de Atenas, combatera militarmente. Amava a sua cidade.

Entendia, portanto, que o respeito às suas leis estava acima de tudo. E que fora julgado de acordo com elas. Mesmo que entenda o julgamento injusto, jamais ofenderia, com sua conduta, as leis da sua cidade. Seria negar as condições da sua própria vida, do seu próprio ensinamento. Seria agir na contramão do que sempre acreditou.

Seria prolongar a vida na indignidade.

E só assim fica claro: melhor ser vítima de uma injustiça do que um beneficiário dela.

Não há indignidade – nem motivo para vergonha – em sofrer uma injustiça. Mas há em cometê-la.

Fazer bem ao homem não é incompatível com sofrer uma injustiça. Mas não admite sequer compactuar com ela.

* * *

Se sobreviver é valor, e as ciências da saúde o têm na mais alta conta, Sócrates mostra que há valores superiores, que valem mais do que a sobrevida para quem vive, que superam a importância de continuar vivo.

Por amor abre-se mão da vida em nome de alguém. Deixa-se matar para preservar a vida do amado.

Por amor ao próximo deixa-se crucificar. Por respeito às leis da cidade não se foge. Curvando-se, assim, ao seu julgamento. Aceitando como inexorável a sua sentença.

* * *

Melück Maria Blainville, a profetisa particular da Arábia, foi a grande musa de um poeta alemão ainda pouco difundido no Brasil: Achim Von Arnim.

A árabe Melück, familiarizada com o mítico em decorrência de sua origem oriental, se defronta com o inusitadamente novo. A Revolução Francesa, cujo desfecho prediz numa grande e apocalíptica visão.

Quando a guerra se precipita na propriedade do conde, seu amante, a feiticeira Melück escolhe – tal como a aia de Eça de Queiroz – sacrificar-se pela condessa, que havia parido recentemente, fazendo-se passar por ela numa roupa de nobre.

Na inscrição do seu túmulo, quase apagada pelas lágrimas do céu, chama de seus a todos, menos os homens:

– Terra, minha mãe que me alimentaste. Tu, meu irmão, o córrego das montanhas. E tu, meu pai, éter: respeitosamente agradeço a vocês, com quem vivi aqui embaixo. Parto agora para outro mundo e me despeço de bom grado.

* * *

Assim nós, você, leitor, e eu, podemos nos perguntar: o que valeria para nós mais que a nossa própria vida?

Amor pela nossa cidade? Ou pelo país em que vivemos? Pela sua liberdade? Afinal, ou ficar a pátria livre ou morrer pelo Brasil.

Quem sabe, amor pela humanidade?

Ou pelo filho? Aquele mesmo que leva a mãe a se precipitar na direção do atirador para receber em seu ventre a bala assassina destinada a matá-lo?

E então? Não pense que me esqueci de você! Haverá em nossa vida algo que vale mais que o mero valor da sobrevivência?

Terminamos aqui este singelo livro – que fala dos valores da vida – inspirado na vida de Sócrates, com perguntas às quais talvez (ainda) não saibamos responder.

Obrigado, de verdade, pela leitura!